论法的精神

［法］查理·路易·孟德斯鸠 著　张雁深 译

MONTESQUIEU

果麦文化 出品

4

TOME QUATRIEME

目 录

第二十章　从贸易的本质和特点论法律对贸易的关系

002	第一节	贸易
003	第二节	贸易的精神
004	第三节	人民的贫困
004	第四节	各种政体下的贸易
006	第五节	经营节俭性贸易的民族
007	第六节	航业发达的几种后果
008	第七节	英国贸易的精神
008	第八节	有时候人们如何排斥节俭性的贸易
009	第九节	专有性的贸易
010	第十节	适宜于节俭性贸易的制度
010	第十一节	续前
011	第十二节	贸易的自由
011	第十三节	贸易自由的破坏
012	第十四节	有关没收商品的贸易法规
012	第十五节	人身的拘禁
013	第十六节	一项良法
013	第十七节	罗得的法律
014	第十八节	商事裁判
015	第十九节	君主不宜经商
015	第二十节	续前
016	第二十一节	君主国贵族的贸易
016	第二十二节	一个奇特的见解
018	第二十三节	哪一种国家不宜贸易

第二十一章　从世界贸易的变革论法律与贸易的关系

020	第一节	几点一般性的考虑
021	第二节	非洲的民族
021	第三节	南北方民族需要各异
022	第四节	古今贸易的主要差异
022	第五节	其他差异
023	第六节	古人的贸易
029	第七节	希腊人的贸易
032	第八节	亚历山大及其征略
036	第九节	亚历山大后希腊各君王的贸易
042	第十节	绕行非洲
045	第十一节	迦太基和马赛
050	第十二节	德洛斯岛和米特里达特
052	第十三节	罗马人的气质和航海事业
053	第十四节	罗马人的气质和贸易
054	第十五节	罗马人和野蛮人的贸易
055	第十六节	罗马人和阿拉伯、印度的贸易
058	第十七节	西罗马灭亡后的贸易
059	第十八节	一条特殊的规定
060	第十九节	东罗马衰弱后的贸易
060	第二十节	贸易如何冲破欧洲的野蛮
063	第二十一节	两个新世界的发现与欧洲的情况
067	第二十二节	西班牙从美洲吸取的财富
071	第二十三节	问题

第二十二章　法律与使用货币的关系

072	第一节	使用货币的理由
073	第二节	货币的性质

075	第三节	想象的货币
076	第四节	金银的数量
076	第五节	续前
077	第六节	印度发现后为什么利息减少了一半
077	第七节	在标记的财富的变化中，物价是如何确定的
078	第八节	续前
079	第九节	金和银相对性的稀少
080	第十节	兑换率
089	第十一节	罗马关于货币的措施
090	第十二节	罗马人如何选择时机对货币采取措施
092	第十三节	皇帝时代对货币采取的措施
093	第十四节	汇兑如何使专制国家感到苦恼
094	第十五节	意大利某些国家的惯例
094	第十六节	国家能够从银行家得到的援助
095	第十七节	公债
096	第十八节	公债的清偿
098	第十九节	有息贷款
099	第二十节	海事上的重利盘剥
099	第二十一节	罗马人的契约借贷和重利盘剥
100	第二十二节	续前

第二十三章　法律和人口的关系

107	第一节	人和动物的种类繁殖
108	第二节	婚姻
109	第三节	子女的身份
109	第四节	家庭
110	第五节	不同等级的合法妻子
111	第六节	不同政体下的私生子

112	第七节	父亲对于婚姻的许可
113	第八节	续前
114	第九节	少女
114	第十节	什么决定婚姻
114	第十一节	政府的暴虐
115	第十二节	不同国家男女孩子的人数
116	第十三节	滨海港口
116	第十四节	土地生产所需人力的多寡
117	第十五节	人口与工艺的关系
118	第十六节	从立法者的角度看人口的繁殖问题
119	第十七节	希腊和它的人口
121	第十八节	罗马兴起以前各地人民的情况
121	第十九节	世界人口的减退
122	第二十节	罗马人需要制定繁殖人口的法律
122	第二十一节	罗马人繁殖人口的法律
134	第二十二节	遗弃子女
135	第二十三节	罗马毁灭后的世界情况
136	第二十四节	欧洲发生的变化和人口的关系
137	第二十五节	续前
137	第二十六节	结论
137	第二十七节	法国所制定的鼓励繁殖人种的法律
138	第二十八节	人口减退的补救办法
139	第二十九节	济贫院

142 **原编者注**

第二十章[1]　从贸易的本质和特点论法律对贸易的关系

向缪斯女诗神们祈祷[2]

别黎山的童贞女们[①]啊，你们听见我的祈求么？请给我灵感吧！我经历漫长的人生；我的心充满悲哀和烦闷[②]。我过去所感到的人生的娇媚和温存今天已远离我了。请把这感觉重新放进我的心灵里吧！当你们通过快乐获取智慧与真理的时候，你们显得再神圣不过了。

但是如果你们根本不愿意把我严峻而凛冽的著述变得宽仁温厚一些的话，那么就求你们把我的劳动掩盖起来吧，使人们从我的书获得教益，但又不感觉到我在施教；使我显得只是在思考，只是像在感悟而已；当我在书里揭露了新事物的时候，就求你们使人们把我当做是个一无所知的人，而把这一切新的东西全都认为是你们告诉我的。

---

① 指掌管文艺、美术、音乐等的九女诗神缪斯。——译者
② "少女们，你们讲吧！
　 枇丽得斯姐妹们；
　 你们歌颂这些少女对我是有好处的。"
　 ——茹维纳尔：《讽刺诗》第 4 卷第 35—36 节。

001

当你们的灵泉之水①由你们所喜爱的岩石流出的时候,它并不徒然向天空喷射而又下降而已。它流向草原,给你们快乐与幸福,因为它把快乐与幸福带给牧人们。

娇媚的女神们啊,如果你们给我一盼,那么所有的人都要读我的书了。读我的书将不是一种娱乐,而是一种快乐。

神圣的女神们啊,我感到你们在激励我,不是要我重唱人们在塘比山谷用着野笛吹出的歌曲,或是要我重诵人们在德洛斯岛用古琴弹奏的诗篇。你们要我根据理性说话,理性是我们知觉中最完全、最高尚、最精致的知觉。

第一节 贸易

下面一些问题应从较宽广的范围进行论述,但是受到了本书性质的限制,不能这样做。我本来想泛舟在一条寂静的河上,但却被一股急流漂走了。

商业能够治疗破坏性的偏见。因此,哪里有善良的风俗,哪里就有商业。哪里有商业,哪里就有善良的风俗。这几乎是一条普遍的规律。

因此,我们今天的风俗已经不像过去那样野蛮了,这是毫不足怪的。贸易使每个地方都能够认识各国的风俗,从而进行比较,并由这种比较而得到巨大的好处。

人们可以说,贸易的法律使风俗纯良,但也破坏风俗,它们的道

---

① 孟德斯鸠指的是他自己的著作。——译者

理是一样的。贸易使纯净的风俗腐败①;这是柏拉图责难之点;但我们每天都看到,贸易正在使野蛮的风俗日趋典雅与温厚。

第二节 贸易的精神

贸易的自然结果就是和平。两个国家之间有了贸易,就彼此互相依存。如果此方由买进获利,则彼方由卖出获利,彼此间的一切结合是以相互的需要为基础的。

但是,虽然贸易的精神把不同国家连结起来,它却并不以相同的方式连结个人。我们看到,在贸易的精神旺盛的国家②,一切人道的行为、一切道德的品质全都成为买卖的东西。做人道所要求的最微小的事情也都是为着金钱。

贸易的精神在人们的思想中产生一种精确的公道的观念。这个观念在一方面和抢劫的观念势不两立,在另一方面同某些道德的观念极不相容。这些道德认为,一个人不必总是斤斤计较自己的利益,尽可以为着别人的利益而忽略自己的利益。

反之,完全没有贸易就产生抢劫。亚里士多德认为抢劫是取得的方式之一。抢劫的精神并不违背某些道德的品质。例如好客在经商的国家是极罕见的,但是劫掠的民族款待来客是非常殷勤的。

塔西佗说,日耳曼人把闭门谢客——不论是熟客生客,当做一种渎圣罪。一个人殷勤款待一个陌生客人之后又把客人带到另一个好客

---

① 恺撒说,高卢人与马赛为邻并与马赛有贸易,所以变坏了。过去高卢人总是战胜日耳曼人,而现在已变得不如日耳曼人了。参看《高卢战争》第6卷第23章。
② 指荷兰。

003

的人家去，在那里客人将受到同样人道的待遇①。但是当日耳曼人建立起各个王国之后，款待客人成为他们的负担，这从勃艮第人的法典里的两条法律可以看到②。一条规定，任何半野蛮人如果胆敢把陌生客人带到一个罗马人的家里去的话，将受到刑罚。另一条规定，凡接待生客，其损失将由居民赔偿，每个居民有义务分担他应负的份额。

第三节　人民的贫困

贫困的人民有两种：一种是由于政体的严酷而陷于贫困的，这种人民几乎不可能有任何建树，因为他们的贫穷就是他们所受的奴役的一部分。另一种仅仅是因为他们轻视逸乐或不了解人生的各种乐趣，以致贫穷。这种人民能够成就伟大的事业，因为他们的贫穷就是他们所享有的自由的一部分。

第四节　各种政体下的贸易

贸易和政制是有关系的。在君主统治的政体下，贸易通常建立在奢侈的基础上，虽然那里的贸易也以实际的需要为基础③，但是贸易的主要目的④却是为贸易国获取一切能为它的虚骄逸乐和奇思妙想服务的东西。在多人统治的政体下，贸易通常建立在节俭的基础上。那

---

① "在那里客人就要受到同样的殷勤款待。"见《日耳曼人的风俗》第21章。又参看恺撒《高卢战争》第6卷第21章。
② 塔西佗：《日耳曼人的风俗》第38章。
③ 甲乙本无"通常"二字也无"虽然那里的贸易也以实际的需要为基础"句。
④ 甲乙本作"唯一的目的"。

里的商人把眼睛注视着地球上的一切国家,他们把从一个国家得到的货物运给另一个国家。推罗、迦太基、雅典、马赛、佛罗伦萨、威尼斯、荷兰这些共和国就是这样做买卖的。

这种以节俭为基础的贸易同多人统治的政体有着本质上的联系;它同君主政体则仅仅有着偶然性的联系。因为这种贸易的基础是:少赚钱,甚至赚得比其他国家都少,但却借不断的赚钱来得到补偿。一个奢侈成习的民族几乎是不可能经营这种贸易的。这种民族消费浩巨,除了伟大的事物而外是什么都不看在眼里的[3]。

西塞罗就有这种想法,所以他说得好:"我不喜欢一个民族是世界的统治者同时又是代理商。"① 其实,我们应了解,这种国家的每个个人,甚至整个国家,在思想中通常是充满着伟大的计划,而同时又充满着渺小的计划。——这是矛盾的。

这并不是说,以节俭为贸易基础的国家就不能有极伟大的计划了。这种国家也能具有一种君主国所没有的刚毅勇敢的精神,原因如下:

一种贸易必然发展为另一种贸易;小型贸易发展为中等贸易;中等贸易发展为大规模的贸易;结果情势改变,本来目的在少赚些钱的贸易也就同样有机会② 多赚了。

此外,商人的巨大事业必然是同公共事业混淆在一起的。但是,在君主国里,商人通常③对公共事业抱着怀疑的态度,这正像在共和国里④公共事业就似乎受到商人信任一样。因此贸易上的巨大事业不

---

① 西塞罗:《论共和国》第4卷*。
* 此注所引拉丁原文,因意思和正文同,故略。——译者
② 甲本作"也就同样愿意多赚了"。
③ 甲乙本无"通常"二字。
④ 甲乙本作"在自由的国家里"。

005

适合于君主国，而适合于多人统治的政体①。

总而言之，在共和国里人们相信他们的财产极为安全，这使他们什么都去经营。人们对所获得的东西相信是安全的②，他们就敢于抛出资财，以取得更多的资财；他们除了在取得的手段③方面要冒些风险而外，并不需要任何冒险。因此人人都渴望发财致富。

我并不是说，凡是君主国就全然不经营以节俭为基础的贸易；我只是说，这种贸易在性质上比较不适合于君主国。我也不是说，我们所熟知的那些共和国全都不经营以奢侈为基础的贸易；我只是说，这类贸易同共和政制的关系比较不密切④。

至于专制国家，那就不必说了⑤。一般的规律是：在一个受奴役的国家里，人们劳动为的是保持所有，而不在取得所没有的。在自由的国家里，劳动则在于取得而非保持。

第五节　经营节俭性贸易的民族

马赛临荒海之滨，是暴风骤雨中一个必要的隐避所。风候、暗礁、沙洲以及海岸的形势，都告诉人们，马赛是个适宜的登陆地。因此它成为海船航客来往频繁的港口。它的土地贫瘠⑥，规定了它的公民从事以节俭为基础的贸易。他们必须以勤劳来补偿天然的不足。他们必

---

① 甲乙本作"而适合于共和政体的国家"。
② 甲乙本作"既是完全的"。
③ 指资本等等。——译者
④ 甲乙本无此段。
⑤ 甲乙本无此句。
⑥ 查士丁：《世界史纲》第43卷第3章。

须公正，才好同那些使他们获致繁荣的半野蛮民族相处得好。他们必须宽仁温厚，才能久享太平。最后，他们必须有俭朴的风尚，才能永久依靠一种获利较少但较可靠的贸易为生。

我们到处看到，苛政和迫害产生了以节俭为基础的贸易。人们为暴政所迫，不得不逃入沼泽、荒岛、滨海浅滩，甚或礁石之区。逃亡者就在这种地方苟全性命。但他们是要活下去的，因此他们就从世界各处获取生活资料，因而建立起以节俭为基础的贸易。推罗、威尼斯和荷兰各城邑就是这样建立起来的。

第六节[①]　航业发达的几种后果

有时候，一个经营节俭性贸易的国家需要某一国家的某一种商品作为获取另一国家的商品的依据。因此它对某些商品赚钱很少，甚至没有赚钱就已经认为满足，因为它希望，在其他商品上获取厚利。

荷兰就是如此，它是唯一经营南北欧间贸易的国家；它运到北方去的法国酒，在某种意义上只是使它能够在北方进行贸易的一种基本物品而已。

人们知道，荷兰常常有某些来自远方的商品，它们的售价并不比原产地昂贵。人们认为原因是：当一个船长需要压舱底的时候，他就用大理石压舱底；当他需要木材装船的时候，他就买木材；这样，当他把大理石和木材售出时只要不吃亏，他就认为已经大大赚钱了。同时，荷兰也有自己的石矿和森林，所以只好如此。

[①] 甲乙本无此节。

不但无利可图的贸易可能有好处；即连赔钱的生意也可能有好处。我听说，在荷兰，捕鲸通常几乎是得不偿失的。但是造船业的雇员以及供给船具、操纵机器和粮食的人就是对捕鲸最关心的人。他们在捕鲸上赔了钱，但却在供给品方面赚了钱。这种贸易就是一种赌博，获得一张"黑彩"[4]的希望诱惑了每一个人。所有的人都喜欢打赌，最聪慧的人也乐意一赌，好像他们看不见赌博的面貌是：迷妄、暴戾、破家荡产、浪费时间，甚至断送整个生命。

第七节　英国贸易的精神

英国几乎不同别的国家订立关税协定[5]；税律随着每次国会的更易而更易，常常取消或增添某些个别的税。英国希望通过这种措施来保持它的独立。它对外国在它那里经商极端嫉妒，很少缔结条约来束缚自己，而专以本国的法律为依据。

别的国家为了政治的利益而牺牲商务的利益；英国却总是为了商务的利益而牺牲政治的利益。它是世界上最能够同时以宗教、贸易和自由这三种伟大的事业自负的民族。

第八节　有时候人们如何排斥节俭性的贸易

某些君主国[6]制定了极其适当的法律，以抑制经营节俭性贸易的国家。禁止它们输入非由它们本国所出产的任何货物；只准许它们使用受货国所建造的船只进行贸易。

用这类法律强加于他人的国家时，自己也要能够愉快地进行贸易才好，否则至少同没有这类法律犯了同样的错误。因为同经营节俭性贸易的国家通商总是合算的。这种国家不诛求厚利，而且商业上的需要使它们多少带些依赖性；它们眼界开阔，事务浩繁，一切多余的商品都有地方去倾销；它们富裕，能够收揽大量货品；又能准时付款；它们仿佛出于需要，非有信用不可；它们在原则上是和平的，因为它们所企求的是获利，不是征服。所以我说，同这类国家通商，比同那些老是竞争又不能给予上述全部利益的国家通商，要合算些。

第九节　专有性的贸易

　　一个国家如果没有重大的理由不应排除任何国家同自己通商。这是一条真正的准则。日本只和中国、荷兰两国通商。中国在食糖上就获利十倍；有时在回购的货物上也获得同样的利益。荷兰人所获的利润也几乎相埒。任何奉行日本那种条规的国家，必然要受到欺骗。因为使商品价格趋于公道并建立商品与商品间正确关系的是竞争。

　　一个国家更不能以某个国家愿出一定价格收购全部商品为理由，而接受一种义务，把商品仅仅售给那个国家。波兰人就是这样把他们的麦子卖给但泽市的。印度有几个国王同荷兰人订了同样的合同，出售他们的香料[①]。这类协定只适合于贫穷的国家。这种国家只要生活有了保证的话，就愿意抛弃发财致富的希望。这类协定也适合于另一种国家，在那里，奴役使人们不能利用大自然所惠与的东西，或是使人们不得不用这些东西[②]进行一种吃亏的贸易。

[①] 葡萄牙人开此先例。参看比拉尔：《旅行记》第15章Ⅱ。
[②] 甲乙本无"用这些东西"句。

第十节 适宜于节俭性贸易的制度

在经营节俭性贸易的国家里，人们已经建立了银行，这是幸运的。这些银行以它们的信用为基础，已经发行钞票——新的价值标记[7]。但如果经营奢侈性贸易的国家也采用银行制度的话，那便是错误。在君主统治的国家里，如果开设银行的话，就会形成金钱和权力的对立；这就是说，有能力去占有一切的人没有任何权力；而拥有权力的人却什么能力也没有。在这种政体之下，只有君主占有或能够占有财宝；哪里一有多余的财宝便首先成为君主的财宝了。

由于同一原因，商人们为连合经营某一种贸易而成立的公司对君主统治的政体也很少有适宜的时候[①]。这种公司的性质就是使私人的财富取得公共财富的权力[8]。但是在君主统治的国家里，公共财富的权力只能掌握在君主的手里。我还要指出，公司对于经营节俭性贸易的国家也并非老是合适的；因此，除非商务浩繁，非个人能力所能及，还是不要使专有性的权利妨碍贸易的自由好些。

第十一节 续前

经营节俭性贸易的国家可以设立一个自由港口。国家的节俭和个人的节俭常是形影相随的；国家的节俭就好像是国家的节俭性贸易的灵魂。建立上述自由港口由于免除关税所招来的损失，可由共和国勤劳致富而获得补偿。但是在君主政体之下，如果设立这种港口，便是

---

① 甲乙本作"是不适宜的"。

荒谬背理的。因为这种港口惟一的效用就是给奢侈蠲免赋税的负担。这样，国家放弃了奢侈所给它的唯一的好处，又解除了这种政制下奢侈所可能受到的唯一的约束。

第十二节　贸易的自由

贸易的自由并不是给商人们一种为所欲为的权利；如果这样，则毋宁说是贸易上的奴役。限制商人并不因此就限制了商务，就是在自由的国家，商人们也遇到无数的矛盾；法律给予他们的束缚并不少于奴隶的国家。

英国禁止毛货出口；规定煤要由海路运到京城；禁止没有阉割的马出口；英国殖民地的船只在欧洲进行贸易时[1]，必须在英国抛锚[9]。英国限制了商人，但却有利于贸易。

第十三节　贸易自由的破坏

哪里有贸易，哪里就有税关。贸易的目的是为着国家的利益进行商品的输出与输入[10]；税关的目的是取得支配商品的输出与输入的某种权利[2]，这也是为着国家的利益。因此，国家居于贸易与税关之间，应该不偏不倚，应该使二者不相抵触，从而使人们享有贸易的自由。

包揽关税的人们，由于他们的不公道、横暴、过高的抽税，结果

---

[1] 1660年的《航行法案》。只有在战争时候，波士顿和费拉德尔非亚的商人曾派遣船只装载货物直接驶至地中海。
[2] 这里指的是取得包税的权利。——译者

011

破坏了贸易。除此之外，他们所制造的困难，所要求的手续，使贸易受到更大的破坏。在英国，关税由官府办理，经商便利非常，只要写一个字，最大的事就办成了；商人无须枉费无穷无尽的时间，也不需要特别的伙计，去免除或承受包税人所给予的一切困难。

第十四节　有关没收商品的贸易法规

英国的大宪章[11]禁止在战争时掠夺和没收外国商人的货物，除非是作为报复的手段。英国把这点规定为自由的条款之一，这是值得夸耀的。

当1740年西班牙和英国战争的时候，西班牙制定一项法律[①]，规定携带英国商品入西属各邦的人处死刑；携带西班牙商品入英属各邦的人也处死刑。我想，只有在日本才能找到同一类型的法律。这种法律破坏了我们的风尚和贸易的精神，又使量刑的比例失去了调和。它引起了思想的大混乱，把仅仅是违警的行为当做叛国罪。

第十五节　人身的拘禁

梭伦订立了一项法律，规定雅典人不得再因民事上的债务拘押债务者[②]。他的这项法律是从埃及得来的[③]；该法为薄固利斯所立；塞梭斯特利斯加以修订。

---

① 1740年3月在卡迪斯公布。
② 普卢塔克论文：《反对借高利贷》第4章。
③ 狄奥都露斯：《历史文献》第1卷第2篇第79章。

这项法律对于普通民事事件是好的[①]；但是我们在贸易的事件上不遵行这项法律，却是对的。因为商人常常在极短的时间内不得不把巨额款项托人保管，他要放出，还要收回；债务者必须按规定期限履行他的义务；所以人身的拘禁就有必要了。

由于普通民事契约而产生的事件，法律绝对不应该准许人身拘禁，因为一个公民的自由比另一公民的福利更为重要。但是关于由贸易而产生的契约，法律应该把公共的福利看得比一个公民的自由重要。虽然如此，人们仍可依据人道与善政的要求，对这个原则作一些必要的限制[12]。

第十六节 一项良法

日内瓦的法律禁止无力偿债的破产者的子女担任公职或进入大议会，不论该破产者业已死亡或仍然生存；其子女已清偿父债者不在此限。这可以说是良法。它的效果使人们对商人、对官吏、甚至对市政有了信任。在这里，个人信用还带有团体信用的意义。

第十七节[②] 罗得的法律

罗得人更进了一步。塞克司图斯·荫比利库斯说，在罗得，儿子

[①] 希腊的立法者应该受到谴责。他们禁止拿债务者的武器和耕犁作质，但却准许拘禁他的人身。参看狄奥都露斯：《历史文献》第 1 卷第 2 篇第 79 章。
[②] 甲乙本无此节。

不得因放弃继承遗产而免除清偿父债①。罗得的法律是为一个以贸易为基础的共和国而制定的。现在我想,根据贸易上的理由,应该加上一项限制,就是自从儿子开始从事贸易而后,父亲所负的债务就不应该影响儿子所获得的财产。一个商人应该始终了解自己的义务;并时时刻刻以他的资财的情况作为他的行动的根据。

第十八节　商事裁判

色诺芬在他所著《雅典的收入》一书中主张给办案最快的商务监督官以报酬。他感到需要像我们今天那样的商事裁判②。

贸易事务很少需要繁文缛节。它们是每天的行动,而且同类的行动每天相继而至。因此,必须能够当天做出决定。贸易事务和对将来有重大影响但又不常发生的其他生活上的行为,截然不同。每个人几乎只结婚一次;馈赠或遗嘱并不是天天有的事;一个人只成年一次。

柏拉图说,完全没有沿海贸易的城市需要不到半数的民事法规③。这话很对。因为有了贸易,就会有各种不同的民族的人民汇集到同一个国家里去,契约、财产的种类和发财致富的途径都将是不可胜数了。

因此,一个贸易的城市是法官少而法律多[13]。

---

① 《生动描述》第 1 卷第 14 章。
② 这里甲乙本多一句:"罗马人在帝国的沿海地区曾为水手们设有这类裁判。"
③ 见柏拉图:《法律》第 8 章。

第十九节　君主不宜经商

梯欧非露斯看见一只船载着给他妻子梯欧多拉的商品，就让人把船烧了。他说："我是皇帝，而你们却让我当货船老板。要是我们也经营穷人的生意，穷人还有地方谋生么？"[①] 他还可以说：要是我们垄断了贸易，谁来把它取消呢？谁来强制我们履行我们的义务呢？我们做了这种买卖，朝臣们也会要做。他们将要比我们更贪婪，更不公正。人民多少相信我们是公正的，但绝不相信我们是富裕的，因为这么多使人民困穷的捐税确切地证明我们也是困穷的。

第二十节　续前

当葡萄牙人和加斯提人控制东印度的时候，贸易的枝叶繁茂而丰饶，所以他们的君主们不能袖手旁观，而把贸易攫取到自己的手中了。这就毁灭了他们在这些地区的殖民地。

果阿的总督把一些专有权给予某些个人。人们对这种个人不予信任；负有贸易责任的人员不断变更，贸易因而中断了；这种贸易，没有人谨慎经营；把亏了本的生意交给继任者，也没有人注意；利润就集中在几个私人手中，不能充分扩大增长。

---

① 参看佐那拉斯*的著作。
*　十二世纪时拜占庭编年史家，著有《通史手册》。——译者

第二十一节　君主国贵族的贸易[①]

在君主国里，贵族经商是违背贸易的精神的。火诺利乌斯和提奥多西乌斯二帝说："这对于城市是有害的，商人与平民间买卖的便利将受到破坏。"[②]

贵族经商也违背君主国的精神。英国准许贵族经商，是该国的君主政体受到削弱的最重要因素之一。

第二十二节　一个奇特的见解

有些人[14]看到一些国家的做法有所感触，认为法国也应该有法律准许贵族经商。如果这样做，不但对贸易毫无裨益，抑且是毁灭贵族的手段。法国的做法是明智的，就是：商人里面没有贵族，但是可以成为贵族，商人有取得贵族资格的希望，而且在实际上又没有障碍。商人要离开商业最稳妥的办法就是把商业搞好或是搞得名誉善良[③]；搞得好通常是同才能分不开的[15]。

规定每一个人要株守他的职业并把它传给子孙的法律，只是而且只能够在专制的国家里有用处[④]，因为在这种国家里谁也不能够而且也不应该有竞争心。

如果说要人人不得改变职业才能把业务搞得更好，这是不正确的。

---

① 甲乙本标题作《君主国的贸易》。
② 《贵族法、商事法典和最新销售禁例》。
③ 甲乙本作"或是搞得繁盛兴隆"。
④ 实际上在专制国家里常常是如此。

我认为，如果一个人在某一种职业搞出卓越成绩，就有希望升入另一职业的话，他将会把业务搞得更好。

金钱既能够让人取得贵族的身份，这就大大鼓励商人们努力去创造获取这种身份的条件。我不探讨这样让钱财能够换取品德的代价是否妥善的问题。但是这样做对某种政府是很有用处的。

在法国，有穿长袍的一类人①。他们位于大贵族与平民之间。他们虽不如大贵族那样显赫，但却享有大贵族的一切特权。这类人作为个人是平凡的；但是作为一个保卫法律的阶层，却是光荣的。在这个阶层里，人们仅仅能够依据才能与品德而出众。他们的行业是体面的，但是还有另一行业的人常常比他们还要显赫。这就是纯粹黩武的贵族。这类贵族认为，不论已经有了多少资产，还应该继续发财致富，但又认为，一味求财富的增加而不着手把它花光荡尽 16 是可耻的。这个阶层的人常常毁家以纾国难；在自己毁灭时就把地位让给别人，使他能够同样用所有资财为国服务。他们奔赴疆场，以免人们敢于责难他们。当他们不能希望发财的时候，他们希望勋赏爵禄；当他们得不到勋赏爵禄的时候，他们则以曾经得到声名荣誉来自慰。所有这一切使法兰西王国获致强盛，这是肯定的。二三百年来，王国的威力不断增长，这不是由于它的气运，而是由于它的良法。气运是不可能这样固定不变的。

---

① 指教僧、法官、律师、教授等人；长袍是他们的"法服"。——译者

第二十三节 哪一种国家不宜贸易

财富可以是土地或是动产。每个国家的土地通常为居民所有。大多数国家有法律使外国人不乐意取得地产[17];甚至土地必须有主人在那里,才能发挥它的价值;因此,土地这种财富是每个国家所特有的东西。但是动产,如银钱、票据、汇票、公司的股份、船只,以及一切商品,则是全世界所通用的东西。在这种关系上,整个世界就好像一个国家。一切社会就是它的成员。拥有世界上这类动产最多的民族就是最富有的民族。有些国家占有数量庞大的动产,它们由于它们的货物,由于它们的工人的劳动,由于它们的勤劳,由于它们的发明,甚至由于它们的运气,而取得了这些动产。各国的贪婪使它们争夺全世界的动产[18]。一种国家可能非常不幸,财产为其他国家所掠夺,几无余存。它的土地的所有者也不过是外国人的佃户而已。这种国家什么都缺乏,什么也将得不着,它最好是不同世界任何国家进行贸易。因为在它过去所处的情况之下,使它变得这样贫穷的就是贸易。

一个国家,如果出口的商品或货物老是少于入口的话,就将为求均衡而日益穷困。它将老是进口少,一直到贫困达到极点不能再进口任何东西为止。

在经营贸易的国家,当它的钱财花光了就会复来,因为接受它的钱财的各国就是负了它的债。但是在上述的国家,钱财一去则不复返,因为取得它的钱财的各国并不负任何债务。

这里,波兰就是一个例子。它除了土地所产的小麦之外,我们所谓世界上的动产,它几乎一无所有。有些贵族占有整个省份。他们强迫农民给他们更多的小麦,好运给外国人去换取他们的奢华所需要的东西。如果波兰不同任何国家通商，它的人民将要幸福得多。因为国内的绅贵们将仅仅有小麦；他们将会把小麦供给农户生活；他们的采地过于宽阔成为他们的负担，他们将会把采地分给农民；每一个畜群都将生产皮和毛，所以做衣服所糜费的将不会很多。永远爱奢侈的绅贵们，因为只能在本国获取奢侈品，就将鼓励穷人们劳动。我认为，这样，波兰就将繁荣起来，至少也不会变成半野蛮人——这是法律所能够防止的。

现在让我们看看日本是怎样吧！日本大量的输入产生了大量的输出。因此物资均衡，就好像它的输出入并不过多似的。不但如此，这样富饶丰足将给国家带来无穷的好处：消费将增加，工艺将有较多用武之地，将有较多人就业，将有较多获得权力的途径；有时候人们需要紧急救济，这样充裕的国家就能比其他国家做得更迅速。一个国家很难没有剩余的物资；但是贸易的本质就是使多余的东西变成有用的东西，又使有用的东西变成必需的东西。既然如此，国家就能够把必需品给予更多的国民了。

因此，我们可以说，由经营贸易而吃了亏的不是那些什么都充足的国家，而是那些什么都缺乏的国家。由断绝对外贸易反而得到好处的，不是那些能够自给自足的民族，而是那些自己一无所有的民族。

第二十一章　从世界贸易的变革论法律与贸易的关系

第一节　几点一般性的考虑

虽然贸易有可能发生巨大变革，但是有时候某些天然的原因，如土壤或气候的性质，也能使贸易的性质永恒不变。

我们今天单纯是送银钱到印度去同它贸易。罗马人每年带到那里去的银钱约有五千万塞斯德斯[1]。这些银钱，像我们今天送去的银钱一样，被换成商品，带回西方。一切同印度贸易的民族总是带着硬币去，带着商品回来。

这是大自然本身所规定的后果。印度人有自己的工艺，这些工艺是和他们的生活方式相适应的。我们的奢侈和他们的奢侈不同，我们的需要也并不就是他们的需要。从我们这里去的东西几乎没有一样是他们的气候所要求与许可的。他们大都半裸体；所需衣服当地就能供给；对他们有极大支配力的宗教[2]使他们厌恶滋养着我们的那些食品。因此他们只需要我们的硬币；硬币是价值的标记。他们就用商品换取

---

[1] 普利因：《自然史》第4卷第6、23章等。
[2] 甲乙本作"不能毁灭的宗教"。

我们的硬币。他们丰饶的商品是从人民的节约和国家的大自然状态得来的。古人的著作描述印度的施政和风习①，和我们今天所看到的并无二致。印度过去和今天一样，将来也将是一样。无论什么时代，凡是和它通商的人都把金银带去而带不回来。

第二节　非洲的民族

非洲沿岸的民族，多半是野蛮或半野蛮的民族。我想，这主要是因为可居住的各小国都几乎被无法居住的地域隔开的缘故。他们没有工业，也没有工艺；他们有丰富的贵金属，直接就可从大自然手中拿到。因此，所有文明的民族都能够和他们贸易而占到便宜；能够使他们把毫无价值的东西当做宝贝，而从他们取得极高的代价②。

第三节③　南北方民族需要各异

在欧洲，南方与北方国家之间存在着一种均势。南方国家，生活上的便利应有尽有，需要很少；北方国家则需要多，而生活上的便利少。对南方的国家，大自然给予的多，要求的少；对北方的国家，大自然给予的少，要求的多。大自然把怠惰给予南方的国家，把勤劳与活动力给予北方的国家，就这样维持了南北国家之间的均势。北方国家不得不努力工作，否则将缺乏一切，而成为半野蛮人。南方的民族采用

---

① 参看普利因：《自然史》第 6 卷第 19 章；和斯特拉波：《地志》第 15 卷。
② 甲乙本把下节末"但是北方的民族则需要自由……"一段放在这里。
③ 甲乙本把此节放在下节之后。

了奴役的制度，因为他们既易于荡尽资财，也就更能够荡尽自由了。但是北方的民族需要自由，因为自由使他们能够获得更多的手段去满足大自然所给他们造成的一切需要。因此，北方的民族，如果不是自由或是半野蛮的话，那就不合乎自然。而几乎所有南方的民族，如果不是奴隶的话，则大抵就要作乱。

第四节　古今贸易的主要差异

　　世界情势时有更易，因而引起了贸易的变迁。今天欧洲贸易的经营主要是由北而南。由于气候的不同，各民族非常需要彼此的货物。例如，南方输给北方的饮料构成了一种古人未曾有过的贸易。而且船只的容量过去是由麦子的数量来衡量，今天却是用酒的吨数来衡量了。

　　据我们所知道，古时的贸易是在地中海的港口间进行的，差不多都是在南方。但是，相同气候的民族出产都差不多，彼此之间不像不同气候的民族间需要那么多的贸易。所以欧洲过去的贸易范围不像今天那么广。

　　这和我关于我们和印度间贸易的说法，并不矛盾。因为气候过于悬殊反使相对的需要等于零[①]。

第五节　其他差异

　　贸易有时被征服者们破坏，有时受到君王们的困扰。但是它跋涉

[①] 甲乙本把以上两段放在第3节末尾。

寰球，避开压迫它的地方，到可以自由呼吸的地方去休息。它今天所统治的地方，过去只是一些沙漠、海洋与岩石，它过去所统治的地方，今天却只是荒野。

例如柯尔吉斯，今天仅仅是一大片森林；那里的人口天天在减少，那里的人民防卫自己的自由，只是好把自己零零星星地出卖给土耳其人和波斯人而已。谁也没想到，在罗马时代，它是一个市邑林立、万国商贾麇集的地方。在这个国内已找不到任何纪念物，除普利因[①]和斯特拉波[②]有所记述而外，旧墟陈迹皆已荡然无存。

贸易的历史是各民族交通的历史。各民族形形色色的毁灭，人口的或涨或落，劫掠的时起时息，是贸易史上最重大的事件。

第六节　古人的贸易

西米拉米斯王后无数的财宝[③]，不可能是一天获得的。因此，我们可以推想，亚述人自己曾经劫掠其他富裕的国家，像后来其他国家劫掠他们一样。

贸易的结果是富裕；随着富裕而来的是奢侈；随着奢侈而来的是工艺的精良。西米拉米斯时代的工艺已相当发达[④]，这就告诉我们当时已建立了庞大的贸易。

亚洲各帝国曾经有过大量的奢侈性贸易。奢侈史构成了贸易史的

---

① 《自然史》第6卷第4、5章。
② 《地志》第11卷。
③ 狄奥都露斯：《历史文献》第2卷。
④ 同上书，第7—9章。

一个绮丽的部分；波斯人的奢侈就是米太人的奢侈，正像米太人的奢侈就是亚述人的奢侈一般。

亚洲曾经发生过巨大的变化。在波斯东北部的希尔卡尼亚、马吉安那、大夏（巴克特里亚）等地，古时繁盛的市邑①，现在已不复存在；这个帝国的北部②，即把里海和黑海隔开的那条地峡，过去全都是城市和国家，现在却不能再见了[19]。

伊拉托斯特尼斯和亚里斯托布露斯③从巴特洛克露斯知道，印度的商品是经过奥克苏斯河进入旁都斯海的④。马库斯·瓦罗告诉我们，据说当庞培和米特里达特作战的时候，人们用七天的工夫从印度走到大夏又到达流入奥克苏斯河的伊卡露斯河；而且印度商品能够从那里横渡里海，而进入居鲁士河口；从该河只有五日陆程便可到达流入黑海的发西斯河⑤。无疑，亚述人、米太人和波斯人的大帝国是通过在这些地方居住的民族同东方和西方最偏僻的地区建立交通的。

这种交通已不复存在。所有这些国家都受到鞑靼人的蹂躏而成废墟⑥。这个破坏成性的民族现在仍然在这些地方横行霸道。奥克苏斯

---

① 参看普利因：《自然史》第6卷第16章，和斯特拉波：《地志》第11卷。
② 斯特拉波：《地志》第11卷。
③ 同上。
④ 据斯特拉波：《地志》第2卷的一段记述，巴特洛克露斯的话是颇有权威的。
⑤ 普利因：《自然史》第6卷第17章。又参看斯特拉波：《地志》第11卷关于商品由发西斯河至居鲁士河的路程。
⑥ 据托勒密描述，有许多河流入里海东边。自托勒密而后，这地区一定已发生极大变迁。在沙皇的地图里，里海东边只有一条阿斯特拉巴特河；在巴塔尔西先生的地图里，连一条河也没有*。
* 甲乙本的附注是这样说的："因此，自鞑靼人来了以后，那些向我们描述这些地区的人们，所言皆失真相。从今天奉沙皇彼得一世勒令而编纂的地图看来，我们发现关于里海面貌的近代地图存在着严重的错误。彼得的地图和古人所说的是相符合的。"参看普利因：《自然史》第6卷第12章。

河不再流向里海了。鞑靼人由于特殊的理由把它改了道[1];它现在就消失在硗瘠不毛的沙地了。

在过去,爪哈特斯河是文明国家和半野蛮国家间的天然境界。它同样被鞑靼人改了道[2],已不再流入海中去了。

西留库斯·尼卡佗曾拟定了一个接通黑海和里海的计划[3]。这个计划给当时的贸易提供许多便利,但它随着尼卡佗的死[4]而成泡影。我们不知道,在那分隔二海的地峡上这个计划是否有可能实施。今天人们对这个地区是茫然无知的;那里人烟稀少,遍地丛林。那里不乏水源,因为有无数河川从高加索山上流下来;但是这个高加索山雄踞地峡的北方,就像向南方伸出它的手臂[5];它对上述计划将是极大的障碍,尤其因为当时人们还没有掌握建造水闸的技术。

我们可以想象,西留库斯要打通两海的地方就是后来沙皇彼得一世接连两海的地方,也就是这地峡上达奈河流近伏尔加河的地方;但是在当时,人们还没发现里海的北方。

当亚洲各帝国经营奢侈性贸易的时候,推罗人却在世界各处展开节俭性的贸易。波沙尔[20]把他所著《迦南乐土》的第1卷用于列举推罗人散布在沿海各国的侨民群;他们越过赫库利斯武神的标柱[6],在大洋的沿岸建立居留地[7]。

---

[1] 参看《北方航行辑览》内珍肯苏的叙述。
[2] 我想阿拉湖(咸海)就是因为这条河改道而形成的。
[3] 格老狄乌斯·恺撒,载普利因:《自然史》第6卷第11章。
[4] 为托勒密·赛老奴斯所杀。
[5] 参看斯特拉波:《地志》第11卷。
[6] 指直布罗陀海峡两岸的岩石,古人认为由赫库利斯武神劈裂而成的石柱,标志着"世界的尽头"。——译者
[7] 他们建立了达蒂苏斯,并在卡迪斯侨居。

在当时，航行者不得不随着海岸行船；海岸就好像是他们的罗盘。航程漫长、辛苦。乌利塞斯的长航漂泊成为仅次于"众诗中第一篇作品"之后的"世界上最美丽的诗歌"的丰富题材[21]。

多数民族对远方民族缺乏了解，这对那些经营节俭性贸易的国家是有利的。这些国家在贸易中可以任意做暧昧的事情。作为广见多闻的国家，它们占到了闭塞无知的民族的种种便宜。

埃及由于宗教和风俗的关系，同外国人断绝了一切交通，几乎没有经营对外贸易；它享受了土地肥沃、物产丰饶之福。它就是那时代的日本；它是自给自足的。

埃及人并不艳羡对外贸易[①]，所以他们听任一切有个港口的小国经营红海的贸易。他们听任以东人、犹太人和叙利亚人拥有船队。所罗门[②]在这方面的航业中使用推罗人，他们熟悉这些海洋。

约瑟夫斯说，他的国家专事农业，对海洋没有多少知识[③]。因此，犹太人只是偶然地在红海贸易。犹太人征服以东人，占据了伊洛斯和伊旬格柏，他们从那里带来了贸易。当犹太人丧失这二城后，他们也就丧失了这些贸易。

腓尼基人就不是这样。他们不经营奢侈性的贸易，他们的贸易也不是肇因于征服。他们的俭约、智巧、勤劳、冒险和辛苦使世界各国都需要他们。

邻近红海各国[④]仅仅在该海及非洲的海洋贸易。亚历山大时[⑤]发现

---

① 甲乙本作"并不艳羡贸易"。
② 《旧约圣经：列王纪略》下卷第9章第26节；《历代纪略》下卷第8章第17节。
③ 《反阿比庵》。
④ 甲乙本作"亚历山大以前，邻近红海各国……"。
⑤ 甲乙本作"在这个征服者时……"。

了印度洋，举世骇愕。这就足资证明。我们已经说过①②，人们经常带贵金属到印度去而没有带回来③；从红海带回金银的犹太人船队是从非洲回来的，他们并不是从印度回来的。

我还要再说一句：这时的航行是沿着非洲东岸；当时航海的情况已足证明，船只并不到僻远的地方去。

我知道，所罗门和耶和沙发的航队是要三年才回家的。但是我看不出，航期的长短究竟能否证明航程的远近。

普利因和斯特拉波告诉我们，用灯心草制造[22]的印度和红海的船只需要二十天的航程，希腊或罗马的船只用七天就完成④。依据这个比例，希腊和罗马船队一年的航程，所罗门的船队差不多就要三年才能完成。

两只速度不同的船只，航程所用的时间并不按照它们的速度的比例。迟慢常常产生更大的迟慢。如果船只需要沿岸行驶，所处位置又不断改变，要等候好风走出海湾，又要等候另一种好风才能向前推进的话，帆樯良好的船只能够利用各种有利的时机，而设备不好的船只就要滞留在困难的境地，费上好几天等待另一次变化。

在同一时间内，印度船只只能走希腊和罗马船只三分之一的路程。印度船只的迟慢可由我们在今天的航业中所看到的情况得到说明。印度的船只是用灯心草制造的，吃水较少；希腊、罗马的船只是木制的，又按上了铁，吃水较深。

---

① 见本章第1节。
② 甲乙本作"我已经说过"。
③ 有时候，由于欧洲所定的金银比价的关系，带金到印度比带银获利要多些。但这种利润究竟是微不足道的*。
* 甲乙本无此注。
④ 参看普利因：《自然史》第6卷第29章；和斯特拉波：《地志》第15卷。

这些印度船只可以同今天某些有浅水港的国家的船只相比拟。威尼斯，甚至于整个意大利①，波罗的海和荷兰省②③都有浅水港。出入这些港口的船只的制造法是：船底圆而宽。其他有良港的国家，船底的形式则在于使船吃水深。这种构造使船只比较能够逆风行驶[23]；圆宽底船只则几乎只有顺风才能行驶。吃水深的船只，无论风向哪里吹，差不多都能向同一方向行进。这是因为船被风吹时从水获得了抵抗力，水成为支持着船的力量；又因船身长，可使船身侧向着风，而利用舵的情况所产生的力量，使船头面向目的地。因此，船能够充分背风行驶，这就是说，充分向着风所由来的方向行驶。但是如果船的形状是圆宽底、吃水浅的话，就没有这种支持它的力量了；风吹着船，船不能抵抗，那就几乎不能不走风所给规定的方向了。圆底构造的船只航程较为迟缓的原因是：（1）它们由于等候风信而浪费大量时间，尤其是不得不时常改变方向；（2）它们行走较慢，因为它们没有水的支持力量，不可能装备和他种船只一样多的帆樯。在航业这样完善的今天④，在百艺交流的今天，在人们用技艺改正天然的缺点和技艺本身的缺点的今天，人们尚且感觉到这些差异，那么在古人的航业时代，这种差异应是如何重大呢？

　　我还不能离开这个题目。印度的船只小；而希腊、罗马的船只，除去那些为了眩人耳目而设的机器以外，也不如我们的船只大。那么，船只越小，在惊涛骇浪中危险就越大。一阵吞没小船的风暴，只能震撼大船而已。一只船的体积越比别的船大，它的外表在比较上便越小。

---

① 意大利几乎只有一些避风处；西西里有很好的港口。
② 我说荷兰省；因为西兰省的港口是相当深的。
③ 荷兰也是个省名；西兰是荷兰国的另一省。——译者
④ "在航业这样完善的今天"句最先见于乙本。

因此，一只小船的外表和它的重量或载货量这两方面的比率便小于大船这两方面的比率；也就是说，小船这两方面的悬殊大于大船这两方面的悬殊。人们知道，使船的载货量等于船的容水量的半数，是相当普遍的做法。假使一只船的容水量是八百吨；那么就让它载货四百吨；如果另一只船的容水量是四百吨，那么就让它载货二百吨。既然如此，则第一只船的体积和载重量的比率就是八比四，第二只船就是四比二。假使第一只较大的船的外表和第二只较小的船的外表的比率为八比六，则小船的外表和它的载重量的比率将为六比二，大船外表和它的载重量的比例将是八比四①。风和水流只袭击船的外表，所以大船由于它的重量的关系便比小船较能抵御风雨的猛袭②。

第七节③　希腊人的贸易

最初的希腊人全都是海贼。米诺斯称霸海上，也许只是在抢劫上比别人获得较大的成功而已。他的霸权就局限于他的岛屿的周围。但是当希腊人成为一个伟大的民族④的时候，雅典人真正取得了海上的霸权，因为这个经商又胜利的国家给当时最强的君主⑤制定法律，并摧毁叙利亚、塞浦路斯岛、腓尼基等的海上势力。

---

① 这就是说，在比较两种同类型的体积时，水对船所产生的作用或压力和同船的对抗力二者之间的比率，就是如此。
② 甲乙本把本版第10节的前三段放在这里。
③ 本版的第7、第10两节，甲乙本合成一节，标题为《希腊的贸易和亚历山大征战后埃及的贸易》。
④ 甲乙本没有"伟大的"三字。
⑤ 指波斯王。

029

我应该谈谈雅典的海上霸权。色诺芬说："雅典在海上称霸；但是阿的喀和大陆是连接着的，所以当雅典人出征远方的时候，雅典却受到敌人的蹂躏。雅典的首脑人物听任他们的土地受到破坏，而把他们的财产送到什么岛上保存起来。老百姓没有任何土地，所以没有任何忧虑。但是，假使雅典人居住的是一个岛屿，同时又控制了海洋的话，那么他们做着一天海洋的主人便将有一天的势力去扰害别人，而不致受到扰害。"① 你也许要想，色诺芬这里说的是英国吧！

雅典人心里充满着追求光荣昌盛的计划；他们增加了嫉妒，却不能增加影响；他们较多注意扩充他们的海上霸权，而较少注意享受这种霸权；按照他们的政治制度，平民分享公共赋税，富人反受压迫，因此不能② 从经营庞大贸易得到任何好处。雅典人本来有希望经营庞大贸易，因为他们有矿山事业、有众多的奴隶，有不少航海人员、对希腊各城市有权威，而且，最重要的一项是，他们有梭伦的美好的法制。但是雅典人的贸易却局限于希腊和黑海，他们就从这些地方谋得生活。

哥林多的位置真太好了：它隔开两海，是伯罗奔尼撒的咽喉，是希腊的门户，可把二者或开或闭。当希腊民族就是天下，希腊的城市就是列国的时代，哥林多是一个最重要的城市，它所经营的贸易大于雅典③。它有一个港口接受来自亚洲的商品；又有另一个港口接受来自意大利的商品。当时要绕过马黎角有很大困难，方向相逆的风就在那里遭遇④，以致引起沉船事故，所以人们比较喜欢到哥林多去，在

---

① 《雅典共和国》第2章。
② 甲本作"因此，我说，未能……"。
③ 甲乙本作"它经营庞大贸易"。
④ 参看斯特拉波：《地志》第8卷。

那里，船只甚至可以穿过陆地从一个海到另一个海去。没有一个城市的工艺品能达到那样精良。富裕使它的风俗趋于腐败，宗教更使它的腐败，登峰造极。它建造一座维纳斯女神庙，那里就有成千的高级妓女被供献给该神。雅蒂乃乌斯书中的那些著名的美女大多数是从这个修道院出来的。雅蒂乃乌斯竟然敢于描写她们的历史[①]。

荷马时代，希腊富裕的地方似乎就是罗得、哥林多和奥科米奴斯。荷马说："朱匹忒神[②]喜爱罗得人，给他们巨大的财富。"[③]荷马又把财主的绰号给予哥林多人[④]。

同样，当荷马谈到拥有许多金子的城市时，他举奥科米奴斯为例[⑤]，又加上埃及的梯拍。罗得和哥林多保持着它们的权势，而奥科米奴斯却失掉了它的权势。奥科米奴斯的位置邻近希列斯本、普罗本蒂斯和黑海，人们自然会设想到它要从这些海的沿岸进行贸易、获取财富。这些海曾经有产生金羊毛的神话。实际上，人们已经把米内由斯[⑥]的名字给予奥科米奴斯[⑦]和阿果船的英雄们了[⑧]。但后来人们对这些海的知识增加了，希腊人在那里建立极多的殖民地；这些殖民地和半开化的民族贸易，同时又和本国保持来往；奥科米奴斯就开始衰落，重又消失在希腊的城市群里了。

在荷马以前，希腊人除了自己之间以及同几个半开化的民族做些

---

① 自下段起至本节末，甲乙本缺略。
② 古罗马的主神。——译者
③ 史诗《伊利亚德》第2卷第668首。
④ 同上书，第2卷第570首。
⑤ 同上书，第1卷第331首。参看斯特拉波：《地志》第9卷第414页（1620年版）
⑥ 神话中降生在该地的仙人的名字。——译者
⑦ 斯特拉波：《地志》第9卷第414页。
⑧ 神话中乘船去取金羊毛的希腊英雄约五十人。——译者

买卖之外,几乎没有什么贸易。但是当他们的新殖民地建立得愈多,他们的支配势力也就益加扩张。希腊是一个大半岛;它的那些海角就像在逼着海洋退却;而它在各方面敞开的海湾又像在迎接海洋。只要一张开眼睛便可看见,希腊是一个窄狭的国家,但有极长的海岸线。它的无数殖民地形成一个环绕着它的大圈子;在那圈子里,它就好像看见了整个文明世界。它侵入西西里和意大利,就在那里建立了一些国家。它的船只驶到旁都斯海、小亚细亚和非洲沿岸。它越和新的民族接近,它的城市就越加繁荣。此外,极美妙的一件事是,它的周围又有无数岛屿,排列得好像环绕着它的一条防线。

希腊的运动会,好像是供全世界玩赏的;它的庙宇,列国君王都送祭品供奉;它的节日,集合了来自各地方的人;它的神谕引起了全人类的好奇心和注意。末了,它有高度的艺术和风趣,任何人想要在这方面超越它,必将败露自己对它的艺术、风趣的无知。所有这些东西曾如何给希腊带来繁荣啊!

第八节 亚历山大及其征略

亚历山大时代曾有四件事情发生,引起了贸易的大革命[1],就是:推罗的攻略、埃及的征服、印度的征服和该国南方大海的发现[2]。

---

[1] 甲乙本作"引起了贸易面貌的改变"。
[2] 甲乙本多下面几句:"埃及的希腊人发现所处情况,可以经营极庞大的贸易。他们是红海各港口的主人;作为许多贸易国的竞争者的推罗已经不存在了;希腊人不再为埃及古时的迷信所烦扰*;埃及成为世界的中心了。"
  * 这些迷信对外国人是可怕的(甲乙本孟德斯鸠原注)。

波斯帝国伸展到印度河[1]。在亚历山大很久以前，大流士就曾派遣船只沿该河而下，至于红海[2]。那么，为什么希腊人竟然是最先由南方经营印度贸易的人呢？为什么波斯人不能先经营那里的贸易呢？为什么他们不能利用近在咫尺的海洋来冲洗着他们的帝国的海洋[3]呢？亚历山大征服了印度，这是事实；但是他必须征服一个国家才能和它通商么？我现在要研讨这个问题。

阿利安那的地域从波斯湾伸展到印度河，从南边的海洋到巴洛巴米苏斯的山岳[4]。它在某程度上很要依仗波斯帝国。但是它的南部硗瘠、干燥、未开发、野蛮，所以据传说，西米拉米斯和居鲁士的军队就是在这些沙漠里死亡的；亚历山大让他的舰队跟随着他，仍然免不了在那地区损失了一大部分陆军[5]。波斯人把整条海岸线丢下，给伊契欧巴基人（即食鱼的人民）、奥里台人和其他半开化的民族去支配[6]。此外，波斯人又不是航海家，而且他们的宗教甚至剥夺了他们一切经营海上贸易的思想[7]。大流士所以让人们在印度河和印度洋航行，毋宁说是出于一个君王一时的奇思妙想，借以显示他的权力，并不是出于一个君王任何有意实行而制订的计划。这些航行无论对贸易或对航业都没有产生后果；他们从愚昧摆脱了出来，却又再掉进愚昧里去了。

---

[1] 斯特拉波：《地志》第15卷。
[2] 希罗多德：《悲剧女神美尔波美妮》。
[3] 甲乙本作"甚至是冲洗着他们的帝国的海洋。"
[4] 斯特拉波：《地志》第15卷。
[5] 同上。
[6] 普利因：《自然史》第6卷第23章；斯特拉波：《地志》第15卷。
[7] 为避免玷污各种本质，波斯人不在河川上航行。参看海德：《波斯的宗教》。今天他们仍然不经营海上贸易，并且一切航海的人为无神论者。

不但如此，人们都认为，在亚历山大远征以前，印度南部是无法住人的[①]。这是从传说推出的；据说，西米拉米斯的部众从那里生还的仅仅二十人，居鲁士的部众生还的仅仅七人[②]。

亚历山大从北方进入。他的计划是向东方进军；但是他发现南方满是大国，城邑林立，河川纵横，因此他企图征服它们，并且把它们征服了。

此后，他拟订计划，要通过海上贸易把印度和西方连结起来，像他已在陆地上通过他所建立的殖民地把二者连结起来一样。

他让人在亥达斯比斯河建造一支船队，顺流而下，入印度河，直航至河口。他在巴塔拉离开他的陆军[③]和海军，自己带着几只船视察海洋，标出他要建设停泊所、港口、兵工厂的地点，回到巴塔拉以后，他又再离开他的舰队，从陆路进军，使陆海军互相支持。海军从印度河口起，沿着海岸走，沿着奥里台人、伊契欧巴基人、卡尔马尼亚、波斯各邦的海岸行走。他让人凿井[④]，建立城邑；他禁止伊契欧巴基人以鱼为常食[⑤]；他希望这一带海边都由文明的民族居住。尼阿库斯

[①] 希罗多德在《悲剧女神美尔波美妮》第44章中说大流士征服了波斯。这只能解作征服阿利安那，而且只是一种思想上的征服而已。
[②] 斯特拉波：《地志》第15卷。
[③] 甲乙本无"他在巴塔拉离开……各邦的海岸行走"等句。
[④] 甲乙本无"他让人凿井……"句。
[⑤] 这不能理解为对一切伊契欧巴基人都如此。这些人沿着一万斯塔德*长的海岸居住。亚历山大将如何供给他们生活呢？他将怎样使他们服从呢？所以这里只是几个特殊的民族的问题而已。尼阿库斯在《印度货物》一书中说，在这条海岸的终点，在波斯方面有一些比较不吃鱼的民族。我想，亚历山大的命令所牵涉的是这个地区或是和波斯更接近的某个地区**。

* 古希腊长度名，每一斯塔德合184.97米。——译者
** 甲乙本无此注。

和欧内西克里土斯曾写了这次十个月航海的日记①。他们到达苏萨,在那里找到了亚历山大。亚历山大飨宴他的军队②。

这位征服者建立亚历山大里亚,目的在确保埃及;亚历山大里亚是敞开埃及的钥匙;但同样的这个地方却是以前的君王们关闭埃及的钥匙③。亚历山大完全没想到贸易。只有印度洋的发现才使他产生了贸易的思想。

甚至④在发现印度洋之后,他似乎对亚历山大里亚并没有任何新的想法。一般地说,他确有计划要在印度和他的帝国的西部之间建立贸易。但是由于十分缺乏知识,他未能作出通过埃及进行这一贸易的计划。他看见过印度河,也看见过尼罗河;但是他对存在于二河之间的阿拉伯诸海,毫不了解。他从印度回来之后就立即使人建造新船队,航行于幼琉士河、底格里斯河、幼发拉底河和大海⑤。他除去了波斯设在这些河上的放水口。他发现那个"波斯的心怀"[24]原来是大洋的一个湾。他便对这个海进行了解⑥,像他过去了解印度洋一样;他使人在巴比伦建立一个港口来供成千的船只和一些兵工厂使用;他发币五百达伦特到腓尼基和叙利亚去招募水手舵工,以便分配他们到他在沿海各地建立的殖民地去;末了,他又使人在幼发拉底河及亚述的

---

① 普利因:《自然史》第6卷第22章。
② 这里甲乙本多一句:"他曾在巴塔拉*离开他的舰队,走了陆路。"
* 这是印度河口巴塔伦岛的一个城市(孟德斯鸠甲乙本原注)。
③ 亚历山大里亚建筑在一个称为拉可蒂斯的平坦的海岸上。古代的君王们在那里设置戍兵,以防止外国人尤其是希腊人侵入。据人们所知,当时的希腊人是大海贼。参看普利因:《自然史》第6卷第10章;斯特拉波:《地志》第18卷。
④ 从这里起到节末,甲乙本缺略。
⑤ 阿利恩:《亚历山大的远征》第7卷。
⑥ 同上。

其他河流建立巨大工程。这一切说明，他的计划无疑是要通过巴比伦和波斯湾经营印度的贸易。

有些人以亚历山大要征服阿拉伯[①]为理由，而说亚历山大计划以阿拉伯为其帝国的中心地，但是他怎能选择一个他一无所知的地方呢[②]？不仅如此，阿拉伯是世界上对他最不便利的国家；它将使亚历山大和他的帝国分离。征服了遥远地区的哈里发们很快就离开阿拉伯，而到别的地方去居住。

第九节 亚历山大后希腊各君王的贸易

当亚历山大征服埃及的时候，人们对红海知道得很少，至于和红海相接，一面冲洗非洲沿岸、一面冲洗阿拉伯沿岸的那部分大洋，则毫无所知。因此，他们甚至认为绕过阿拉伯半岛是不可能的。曾经从各方面进行尝试的人们都放弃了他们的计划。他们说："坎拜栖兹的军队，穿行北岸，几乎完全死亡；拉古斯的儿子托勒密的军队，被派救援在巴比伦的西留库斯·尼卡佗，他们所历艰辛，几乎不可置信，而且由于赤日炎热，只能在夜间行军；这样，要船队行到阿拉伯的南方海岸去怎有可能呢？"[③]

波斯人任何航业也没有。当他们征服了埃及的时候，他们便把本国原有的这种精神带到埃及去；因此，航业废弛到了极点，以致希腊

---

① 斯特拉波：《地志》第6卷。
② 他看到巴比伦被洪水所淹没，竟以为邻近的阿拉伯是一个海岛。关于亚里斯托布露斯王，载斯特拉波：《地志》第16卷。
③ 参看尼阿库斯：《印度货物》。

的君王们发现波斯人不但对推罗人、以东人和犹太人在大洋的航业一无所知,就是红海的航业也一无所知。我认为,尼布甲尼撒毁灭第一个推罗国家以及邻近红海的一些小国和城市,是把过去已经获得的海上知识重又丧失的原因。

在波斯时代,埃及并不临近红海;它的疆界仅仅包括尼罗河泛溢所及的那条又长又狭的地带而已[①];这条地带的两边又为山脉紧锁着。因此就必须再一次去发现红海,再一次去发现大洋了,这次的发现是由于希腊的君王们的好奇心。

他们由尼罗河溯流而上,在尼罗河与红海之间的地区猎象,由陆地而发现海岸;这些发现既然是在希腊人的时代进行的,各地名称也就用希腊文字,各庙宇也就奉献给希腊的神明了[②]。

在埃及的希腊人是能够经营范围很广大的贸易的;他们是红海诸港口的主人。推罗——一切经商国家的劲敌,已不再存在了;他们不再为埃及古时的迷信[③]所烦扰:埃及已成为世界的中心了[④]。

叙利亚的君王们把印度的南方贸易放弃给埃及的君王们,自己则倾全力于印度北方的贸易。这个北方的贸易是通过奥克苏斯河和里海进行的。当时人们以为里海是北方大洋的一部分[⑤][⑥]。亚历山大在死前不久曾经使人建造一支船队[⑦],以探查到底里海是否经黑海或经由印

---

① 斯特拉波:《地志》第16卷。
② 同上。
③ 这些迷信使他们憎恶外国人。
④ 以上半节,甲乙本缺。
⑤ 普利因:《自然史》第2卷第67章,又第6卷第9、13章;斯特拉波:《地志》第11卷第507页;阿利恩:《亚历山大的远征》第3卷第74页,又第5卷第104页。
⑥ 甲乙本无此句。
⑦ 阿利恩:《亚历山大的远征》第7卷。

度方面其他东方的海而通大洋。在他之后,西留库斯和安提阿库斯,特别注意到对里海的了解,并在那里设有船队①。西留库斯探得的部分被称为西留基德海,安提阿库斯发现的部分被称为安提阿基德海。他们注意他们在这方面可能做出的计划,而忽略了南方诸海②。这也许是因为托勒密朝各君主依恃他们的红海舰队已经称霸该海,或者是因为他们发现了波斯人对航海深恶痛绝③。波斯南方海岸④,不能供给任何海员;在那里,只是到亚历山大末年才看到海员。但是埃及诸君王,是塞浦路斯岛,腓尼基和小亚细亚沿海许多地方的主人,所以拥有经营航海事业的一切条件。他们用不到强制人民发展航海才能,只要利用着人民的才能就够了。

古人为什么那样固执地相信里海是大洋的一部分,真令人百思不解⑤。亚历山大、叙利亚的君王们、帕提亚人、罗马人等的远征都不能改变他们的想法⑥。一个人对改正自己的错误是尽量拖延的。起初,人们只知道里海的南部;并且以为它就是大洋;他们从北方沿着海岸前进⑦,他们仍然相信那是大洋侵入了陆地。他们探查海岸⑧,东方只走到爪哈特斯河,西方只走到阿尔巴尼亚的尽头。海的北方水浅泥泞⑨,因此极不宜于航行。就是这样,他们认为是大洋了[25]。

----

① 普利因:《自然史》第2卷第67章。
② 甲乙本多一句"希望通过高卢和日耳曼从背后到达欧洲,而忽略……"。
③ 甲乙本多一句:"或者是因为那边的民族已普遍屈服,没有再行征服的余地了。"
④ 自此至段末,甲乙本缺。
⑤ 甲乙本作"我承认我不了解古人为什么那样固执……"。
⑥ 甲乙本多一句:"但是他们关于里海的描述,其精确程度殊可惊叹。"
⑦ 甲乙本多一句:"他们没有想象到可能是个大湖,而相信……"。
⑧ 这段甲乙本是这样写的:"当他们认识了北岸,差不多完成他们的旅程时,他们的眼睛张开了,但是又闭上了;他们把伏尔加河口当作一个海峡或是大洋的延长。"
⑨ 参看沙皇的地图。

亚历山大的军队①，东边只走到希班尼斯河，即最后注入印度河的河流。因此希腊人初期经营的印度贸易是在印度极小的地区进行的。西留库斯·尼卡佗侵入到恒河②，从那里发现了该河流入的大海，即孟加拉湾。今天的人由大海的航行发现陆地；过去的人由陆地的征服发现大海。

斯特拉波③，不顾阿波罗都露斯的证言，怀疑大夏的希腊君王们④确是走得比西留库斯和亚历山大还远。即使大夏的希腊君王们果然在东方没有走得比西留库斯更远的话⑤，我们也要知道，这些君王在南方的确曾经走得更远，他们发现了锡哲和马拉巴尔的那些港口⑥⑦；这就产生了我下面所要谈的航海事业。

普利因告诉我们，人们曾经连续地开辟三条通印度的航线⑧。首先，人们从锡亚格尔角到印度河口的巴塔伦岛。我们知道，这就是亚历山大舰队所保持的航路。后来，人们走一条更短、更安稳的航路，就是从锡亚格尔角到锡哲⑨。这个锡哲只能是斯特拉波所说的锡哲王国⑩，也就是大夏诸希腊君王所发现的王国。普利因说这条路更短，他的意思只能是航行的时间较短而已；因为锡哲既然是大夏的君王们

---

① 甲乙本作"亚历山大的陆军"。
② 普利因：《自然史》第6卷第17章。
③ 《地志》第15卷。
④ 大夏（巴克特里亚）、印度和阿利安那的马其顿人同叙利亚王国分开，自成一个大国。
⑤ 甲乙本作："我十分相信他们在东方并没走得更远，绝对没有渡过恒河；但是他们在南方的确曾经走得更远……"
⑥ 阿波罗尼乌斯·阿德露马蒂奴斯，载斯特拉波：《地志》第11卷。
⑦ 甲本作："古札拉特和马拉巴尔的那些港口。"
⑧ 普利因：《自然史》第6卷第23章。
⑨ 同上书，第6卷第29章。
⑩ 斯特拉波：《地志》第11卷《锡哲王国》。

所发现的，就应该比印度河还要偏僻，所以人们走这条路应该可以避免某些海岸的曲折，并得到了某些风信的利益。最后，商人们走第三条路线，就是先到位于红海口的港口甘斯或奥塞利斯，从那里乘西风到印度的第一个市场慕济利斯，再从那里到其他港口①。

我们看到，他们不从红海口走到锡亚格尔，而是沿着"幸福阿拉伯"②海岸转到东北，直接利用季节风由西岸驶到东岸去。这些季节风的变更是从这一带海域的航行发现的③。古人只在能够利用季节风与贸易风④时才敢不靠海岸航行。这些风对于他们好像是一种罗盘针。

普利因说，他们在仲夏启航赴印度，在12月底或1月初回航⑤。这同我们航海的记录是完全符合的。在印度洋的这一带，即在非洲的半岛和恒河这边的半岛之间，有两次季节风：第一次风从西向东吹，从8、9月开始；第二次风从东向西吹，由1月开始。因此，我们离开非洲到马拉巴尔去的时间和托勒密的船队相同，回航的时间也相同。

亚历山大的船队从巴塔拉到苏萨要走七个月。它在7月间出发，也就是说，在一个今天没有任何由印度回航的船只敢于出海的时候⑥出发。在两次季节风之间，有一个间隔期间，这时有各种不同的风信；北风和普通的风混杂，尤其在某些海岸，引起可怖的风暴。这个时期是6、7、8月。亚历山大的舰队在7月间由巴塔拉出发，曾经历过许

---

① 这句和下段第一次见于乙本。
② 即"也门"。——译者
③ 乙本作："……利用贸易风至东岸去。这些风固定的路线是从这一带海域的航行发现的。古人只在能够利用这些风的时候才离开海岸。"
④ 季节风在一年的某一季节里从这一边吹，在另一季节里从另一边吹；贸易风则整年从同一边吹。
⑤ 《自然史》第6卷第23章。
⑥ 甲乙本作"出海的季节"。

多风暴，航程漫长[1]，因为它逆着季节风航行。

普利因说，人们在夏末启航去印度，就这样利用季节风变更的期间去完成从亚历山大里亚到红海的行程。

我请你们看看，航海事业是如何逐渐精进的。大流士的舰队由印度河下航到红海，共计费时两年半[2]，亚历山大的舰队[3]，下航印度河，十个月后就到达苏萨，计在印度河航行三个月，在印度洋航行七个月。此后从马拉巴尔沿岸到红海的行程计费时四十天[4]。

斯特拉波叙述当时人们不了解希班尼斯河和恒河间各国情况时说，从埃及去印度的航海家中很少走到恒河[5]。实际上，我们看到，当时的船队根本就不到恒河去；它们利用季节风[6]从西向东航行，从红海口到马拉巴尔海岸。它们就在那里各商埠停泊，没有从哥摩林角和柯罗曼德尔海岸绕过半岛到恒河那边去。埃及和罗马的君王们的计划是要在同年回航[7]。

由此可见，希腊人和罗马人的印度贸易远不如我们广泛；我们知道一些他们完全不知道的广漠地区；我们同所有的印度国家通商，我们甚至为它们而经商，为它们而航海。

但是希腊、罗马人经营这方面的贸易比我们要便利得多。假使今天的人仅仅在古札拉特和马拉巴尔的沿岸贸易，不去寻找南方的岛屿，

---

[1] 甲乙本作："当然漫长"。
[2] 希罗多德：《悲剧女神美尔波美妮》第4卷第44章。
[3] 普利因：《自然史》第6卷第23章。
[4] 同上。
[5] 《地志》第15卷。
[6] 甲乙本作"……利用贸易风……"。
[7] 普利因：《自然史》第6卷第23章。

而满足于这些岛民所带来的商品的话，那么今天的人就必然选择埃及路线而舍弃好望角路线。斯特拉波说，古人就是这样同塔普罗班各民族通商的①②。

第十节　绕行非洲③

历史上我们看到，在罗盘针发现以前，人们曾经四次试图绕行非洲。尼可④所派遣的一些腓尼基人以及为逃避托勒密·拉蒂路斯之怒的优笃苏斯⑤，从红海出发，获得成功。赫克塞斯朝的沙塔斯佩斯⑥和迦太基人所遣派的汉诺由赫库利斯武神的标柱出发，遭到了失败。

---

① 《地志》第15卷。
② 甲乙本这节的煞尾是底下两段；该两段第一次在1753年版出现；其中一部分见于本版的下节：

我提出一个意见来结束本节。地理学家托勒密*记述人们所知道的东非达到了普拉萨姆角，阿利恩**的东非，则以腊不塔姆角为限界。我们最好的地图把普拉萨姆角放在莫扎姆比克，在南纬线第14.5度处，把腊不塔姆角放在近南纬线第10度处。但是从自己不出产任何商品的阿占王国的沿岸起，越往南就越富庶，一直到"富裕的泉源"索发拉。不过人们却不向南前进，而向北方退却；乍一看来，这真是咄咄怪事。

人们对印度海岸的知识、航务和贸易越扩大，对非洲海岸的知识、航务和贸易就越后退。因为一个有厚利可图而又易于经营的贸易使人们忽略了一个获利较薄而充满困难的贸易。人们对非洲东岸的了解已经不如所罗门的时代了；虽然托勒密和我们说到普拉萨姆角，但是这个角应该说是过去人们所知道的地方，而不是当时人们仍然知道的地方。阿利恩把人们所知道的陆地以腊不塔姆角为限界，因为当时人们仅仅走到那个地方。虽然马宪·赫拉黎又提到普拉萨姆角，但他的主张并没有什么重要性；他自己也承认，他是阿提密佗露斯的仿效者，而阿提密佗露斯是托勒密的仿效者"。

*　孟德斯鸠原注：托勒密：《地论》第4卷第7章和第8条，非洲，表4。
**　孟德斯鸠原注：参看阿利恩：《埃利特烈海沿岸航行记》。

③ 这节第一次见于1758年版，甲乙本前节结尾的那一些意见，这里已加修改。
④ 希罗多德：《悲剧女神美尔波美妮》第4卷第42章，他是为着征服它。
⑤ 普利因：《自然史》第2卷第67章。旁波尼乌斯·梅腊：《地志》第3卷第9章。
⑥ 希罗多德：《悲剧女神美尔波美妮》第4卷第43章。

绕行非洲的主要关键是要发现并绕过好望角。但是，如果人们由红海出发，则发现好望角的路程要比由地中海出发短一半。从红海到好望角的海岸要比从好望角到赫库利斯武神的标柱的海岸少一些浅滩暗礁，而利于航行①。要从赫库利斯武神的标柱出发，去发现好望角，就必须先发明罗盘针，才能够离开非洲海岸，驶入大洋，向圣赫里拿岛或巴西沿岸航行②。因此，当时的人十分可能从红海来地中海，而不能从地中海返回红海。

既然如此，人们就不绕这个大圈，因为只能去而不能返。人们就自然地从红海经营东非的贸易，并从赫库利斯武神的标柱进行西岸的贸易了。

埃及的希腊君王们首先在红海发现从赫露姆城所在的海湾底起到狄拉，也就是到今天的巴布厄尔曼得海峡那段非洲海岸。从那里到位于红海入口③的亚罗马蒂亚角这段海岸，航海家们是完全不知道的；这点从阿提密佗露斯的记述④来看是很清楚的；他告诉我们，当时的人们知道这段海岸的各地方，而不知道它们的距离；这是因为人们从陆地陆续地知道了这些海口，但是没有从一个海口驶至另一个海口。

从该角起，也就是从大洋的沿岸开始，人们就毫无所知了；这点我们从伊拉托斯特尼斯和阿提密佗露斯的记述可以知道⑤。

---

① 关于这点，请参照我在本章第 11 节关于汉诺航海的叙述。
② 在大西洋，10、11、12、1 等月吹的是东北风。因此船只越过赤道，以避免通常所有的东风，向南行驶，或是进入热带，那些地方风由西向东吹。
③ 这个海湾，我们今天称为红海，古人却称为阿拉伯湾，因为古人称为红海的，是邻近这个海湾的那部分大洋。
④ 斯特拉波：《地志》第 16 卷。
⑤ 斯特拉波：《地志》第 16 卷，阿提密佗露斯所记人们知道的海岸，以一个称奥斯特利柯奴的地方为尽头；伊拉托斯特尼斯则以一个称基那莫米费拉姆的地方为尽头。

斯特拉波时代，也就是说奥古斯都时代，人们关于非洲海岸的知识就是如此。但是奥古斯都以后，罗马人就发现腊不塔姆角和普拉萨姆角。斯特拉波没有谈到这两个角，因为那时人们还不知道它们。我们知道，这两个名词都是罗马式的。

地理学家托勒密生于亚得里安和安托尼努斯·比乌斯时代。《埃利特烈海沿岸航行记》的著者——不管他是谁——生的时代略为晚些，但是托勒密所记人们知道的非洲以普拉萨姆角为尽头[1]，约在南纬线第14度处；《航行记》的著者[2]则以腊不塔姆角为尽头，约在南纬线第10度处。《航行记》著者所记的尽头似乎是当时人们常常去的地方；而托勒密的尽头似乎是人们不再去的地方。

肯定我这个想法的是：普拉萨姆的周围是一些惯食人肉的民族[3]。托勒密告诉我们亚罗马蒂亚海口与腊不塔姆间的很多地方[4]，但是腊不塔姆和普拉萨姆间他却一个地方也没提到。印度航行获利极厚，当然使人们忽略了非洲的航行。末后一点：罗马人在这一段海岸没有固定的航行；他们是从陆地或从一些被暴风漂走的船只发现这些海口的。今天我们对非洲海岸非常熟悉，对非洲内地则十分隔阂[5]；古人对非洲内地极为熟悉，对海岸则十分隔阂。

我已经说过，尼可所派遣的一些腓尼基人和托勒密·拉蒂路斯时

---

[1] 斯特拉波：《地志》第1卷第7章；第4卷第9章；非洲，表4。
[2] 人们认为《航行记》是阿利恩所著的。
[3] 托勒密：《地论》第4卷第9章。
[4] 向上书第4卷第7、8章。
[5] 请看斯特拉波和托勒密关于非洲许多地方的记述是如何精确。这些知识来自当时世界上最强的两个国家，迦太基和罗马，同非洲诸民族所发生的战争；来自它们所缔结的各种同盟；来自它们在大陆上所进行的贸易。

的优笃苏斯曾经绕行非洲。但是，在地理学家托勒密的时代，这两次的航行一定被人认为无稽之谈，因为他从"锡奴斯·马格奴斯"[①]——我想就是暹罗湾——起就放上一块人们不知道的陆地，自亚洲伸向非洲，到普拉萨姆角为止，因此印度洋不过是一个湖而已。古人从北方知道了印度，向东方前进，所以把这块人们不知道的陆地放在南方了。

第十一节　迦太基和马赛

迦太基的国际法是怪异的。它把到撒地尼亚贸易和向赫库利斯武神的标柱方面进行贸易的一切外国人全都溺死。它的政治法也同样是奇特的；它禁止撒地尼亚人耕种土地，违者处以死刑[②]。它通过它的财富增加了它的权力，后来则通过它的权力增加了它的财富。它是地中海所冲洗的非洲沿岸的主人，所以就沿着大洋沿岸扩张。汉诺依据迦太基元老院的命令，把三万迦太基人分布在赫库利斯武神的标柱与赛内之间。他说，由赛内到赫库利斯武神的标柱和标柱到迦太基是一样遥远。这个位置是很妙的；它让人们看到，汉诺把它的殖民地限定在北纬线 25 度之内，也就是说，在加那列群岛南方二、三度之内。

汉诺在赛内时，曾作另一次航行，希望在南方有更多的发现。他对非洲大陆几乎不加注意。他随着海岸航行了二十六天，由于粮食缺乏，不得不返回。迦太基人似乎没有利用过汉诺这次的冒险事业。西拉克斯说，过了赛内，海就不宜于航行了[③]，因为水浅，充满了软泥

[①] 拉丁原文 Sinus Magnus，即"巨大的海湾"的意思。——译者
[②] 甲乙本没有本节的开头这几句。
[③] 参看他的《航行记》，迦太基条。

045

和海草①；实在说，在这一带，软泥、海草是很多的②。西拉克斯所说的迦太基商人也许遇到了障碍，这些障碍汉诺曾经用他所带领的每只有五十支桨的六十只船加以克服过。困难总是相对的；不但如此，我们不应该把一种以刚毅、豪胆为主旨的冒险事业和一种普通行为的实施③混为一谈。

汉诺的记事，是古人的佳作。行动者和著作者是同一个人；他的叙述没有任何虚夸。伟大的将领们对自己的行动的描述是质朴的；因为他们所做的比他们所说的更为荣耀。

文体和事实正相符合。汉诺不作怪异之谈。他关于气候，土壤、居民的风俗、行仪等一切叙述和今天人们在非洲这一带海岸所看到的正相吻合；它就像是今天我们的航海家的记录。

汉诺在他的舰队上观察，白天大陆上是一片沉寂；夜间他听到各种乐器的声音，看到各处有火，有的较大，有的较小④。我们的记述证实了这个说法。我们发现，在白天，这些野蛮人退入森林，以躲避炎日；夜间则燃起大火，以防止野兽；他们热爱跳舞和音乐。

汉诺描写了一个火山，它的一切现象和我们今天在维苏威火山所看到的一样；他记载两个长着毛的妇女，宁肯被杀死也不愿跟迦太基人走，他使人把她们的皮带到迦太基去。这同人们所说的一般，不是不可能的[26]。

---

① 参看希罗多德：《悲剧女神美尔波美妮》第4卷第43章，关于沙塔斯佩斯所遇到的障碍。
② 参看《创建东印度公司历次航行辑览》第1卷第1篇第201页的地图和记事，这些海草把海面都盖住，海水几乎看不见；船要有强力的风才能通行。
③ 甲乙本作"和一种普通行为的情况"。
④ 普利因在《自然史》第5卷第1章中关于亚特拉斯山的记述亦同："没有人在白天打仗，他们都在夜间点火照亮，吹笛打鼓，喧闹异常。"

这本记事是古迦太基的不朽之作，所以更是名贵。由于它是古迦太基的不朽之作，所以被人当作是荒诞不经的。这是因为罗马人甚至在毁灭迦太基以后仍然怀恨迦太基人。但是人们纯粹依据战争的胜负来断定到底应该说迦太基人可信或是罗马人可信。

有些近代的人[①]仍然承袭这种偏见。他们说："汉诺所描述的那些城市哪儿去了？这些城市，甚至在普利因的时候已不留丝毫痕迹。"如果有痕迹，倒是不可思议的事。汉诺在这些海岸所建筑的是像哥林多或雅典这种城市么？他把迦太基人的家族放在宜于贸易的地方，并仓促地加以安排，使他们免受野蛮人或野兽的侵害。迦太基受到的灾难使非洲的航务停顿了；这些家族一定遭到灭亡或是变成野蛮人了。我还要多说一句：假使这些市邑的遗迹果真还存在的话，谁到森林或沼泽里去发现它们呢？不过我们在西拉克斯和波利比乌斯的著作里看到，迦太基人在这些海岸曾经有过巨大的居留地。这些就是汉诺的城市的遗迹；此外没有别的了，因为就是在迦太基本地也几乎是没有别的了[②]。

迦太基人已走上通向富裕的道路。如果他们走到北纬4度和经线15度的话，他们就将发现黄金海岸和附近的海岸了。他们就将在那里经营一种比今天人们在那里经营的还要重要得多的贸易，因为今天美洲似乎已贬低了各国的财富。他们就将找到罗马人所不能剥夺的财宝。

关于西班牙的财富，人们曾经谈说一些骇人听闻的事情。如果亚

---

① 多碓尔先生，参看他所著《汉诺沿海航行记之研究》。
② 甲乙本作"完全没有别的了。"

里士多德是可信的话，这是他的记述①：在达蒂苏斯②上岸的腓尼基人在那里发现了他们的船只载不了的银子；他们用这种金属制造他们最下等的器具。据狄奥都露斯说，迦太基人在庇里尼斯山发现极多的金和银，所以用它们来装饰船锚③。这些民间的传说是不可凭信的；准确的事实有如下述：

在斯特拉波所引波利比乌斯的残篇里，人们看到，在比蒂斯河发源地的银矿的雇工是四万人，每天为罗马人产银二万五千得拉姆（dragmes），即每年约五百万镑——按每马尔克（marc）重值五十法郎计算。人们把这些矿所在的山叫作银山④，可见那个地区就是当时的波多西⑤。今天汉诺威矿山的工人不到当时西班牙矿山所使用的工人四分之一，出产的却更多，但是罗马人铜矿不多，银矿又少，而且希腊人只知道有阿的喀的矿山，其中又很少是富矿，所以他们对上述矿藏的丰富应当是感到惊奇的。

在西班牙继承战争的时候，有个叫做罗得侯爵的人。据说，他因金矿倾家荡产，却因医院而发了财⑥。他向法国朝廷建议开发庇里尼斯山的矿。他引证推罗人、迦太基人和罗马人为例。他得到许可探矿；他寻找，他到处挖掘；他老是引证前人，但什么也没有找到。

迦太基人已是金银贸易的主人；他们还想成为铅锡贸易的主人。这些金属是由陆地从高卢洋面各港口用车运载到地中海各港口的。迦

---

① 《奇事》。
② 原文 Tartèse，甲乙本作 Tartesse。
③ 《历史文献》第 6 卷。
④ 拉丁原文：Mons argentarius。
⑤ 玻利维亚有名的银矿地区。——译者
⑥ 他参加这些医院一部分的管理工作。

太基人想直接承接这些金属,所以派遣希米尔柯到卡锡梯利德岛上去建立居留地①。人们推测,这些岛就是席利诸岛。

从柏狄加到英格兰的这些航行,使某些人认为迦太基人已经有了罗盘针。但是,迦太基人沿着海岸航行是很明显的。希米尔柯说,他从比蒂斯河口到英格兰走了四个月。我在希米尔柯这个记述之外已不需要其他证据了。此外,还有一个迦太基舵手的一段有名的故事②说,他看见一只罗马船前来,他就使他的船搁浅,以免罗马船知道到英格兰去的道路③。由此可见,两船相遇时是很接近海岸的。

古人也许曾经在海中航行,以致人们推测他们有罗盘针,虽然他们并没有这样做。那时,如果一个舵手在航行时离开了海岸,而且天气晴朗的话,他在夜里总是可以看见一颗北极星[27甲],在白天可以看见太阳的东升和西沉,他显然能够像今天按照罗盘针一样驾驶船只。但这一定是一种意外的情形,并不是常规的航行。

在那结束了第一次布匿战争的条约里,人们看到,迦太基最注意的是保持海上霸权,罗马是保持陆地霸权。汉诺在和罗马人谈判时宣称:迦太基甚至不能容忍罗马人在西西里海上洗手;不允许罗马人航行越过"美丽海角"④;禁止罗马人在西西里、撒地尼亚,非洲贸

---

① 参看《费斯图斯·阿维奴斯》。从普利因的记载去看,这个希米尔柯似乎和汉诺是同时被派遣出去的;又因为在阿加托克利的时代,有一个汉诺又有一个希米尔柯,两人都是迦太基人的领袖,所以多雅尔先生推测,他们是同一个人;而且当时是共和国鼎盛的时代,从这一事实去看,更可能是如此,参看多雅尔《汉诺沿海航行记之研究》[27乙]。
② 斯特拉波:《地志》第3卷末尾。
③ 因此,他受到迦太基元老院的奖赏。
④ 狄特·李维:《罗马编年史》第6卷《佛兰舍谬斯补篇第2代史》。

易[1]；但得例外地在迦太基贸易[2]。从这个例外可以看到，迦太基无意在那地区给罗马人一种有利的贸易。

在早期，迦太基和马赛曾经因渔业问题发生几次大战[3]。在和平之后，它们同时进行节俭性的贸易。马赛更加嫉妒了，因为在工业上它已和它的劲敌平等，但是势力却不如它。这就是马赛对罗马人矢尽忠诚的原因。罗马人和迦太基人在西班牙的战争是马赛富裕的泉源。马赛起着货栈的作用。迦太基和哥林多的灭亡更增长了马赛的荣华显赫；要是没有内战，要是马赛不参加任何一方，马赛在罗马的保护下应该是幸福的，因为罗马人对它的贸易没有任何嫉妒。对这些内战，马赛本来是应该不加理睬的。

第十二节[4]　德洛斯岛和米特里达特

罗马人毁灭了哥林多之后，商人们退却到德洛斯去。这些人民的宗教和信仰使人把这个岛屿看做一个安全的地方[5]。不仅如此，这个岛的位置很适宜于经营意大利和亚洲的贸易。在非洲没落和希腊积弱之后，这种贸易更为重要了。

我们已经说过，从早期起，希腊人就已派遣殖民者到普罗本蒂斯和黑海去。在波斯人的统治下，这些殖民地仍然保持它们的法律和自

---

[1] 波利比乌斯：《历史》第3卷。
[2] 在迦太基人统辖的地方。
[3] 查士丁在《世界史纲》第43卷第5章中说："由于抢夺渔夫们的船只而引起了战争，迦太基军队屡次取得胜利，也给战败者以和平。"
[4] 甲乙本没有这节。
[5] 斯特拉波：《地志》第10卷。

由。亚历山大只是征伐半野蛮人,并没有攻击这些希腊殖民者[1]。旁都斯各君王占领了他们的几个殖民地;甚至这些君王似乎也没有在政治上取消它们的政府[2]。

它们一旦向这些君王屈服,这些君王们的权力就增加了[3],米特里达特就能够到处招买军队;不断补足他的兵员的损失[4];得到工人、船只、战具;获取同盟者;贿赂罗马人的同盟者,甚至贿赂罗马人本身;雇用亚洲和欧洲的野蛮人,进行长期战争[5];结果训练军队,即把他们武装起来,教以罗马人的军事技术[6],并用投降者组成庞大队伍;最后,他经得起巨大损失并忍受巨大挫折,而不至灭亡;假使这个淫佚而野蛮的君王在他兴盛的时候没有破坏了以前的伟大君主在厄运时所曾建树的东西的话,他是不至于灭亡的。

正因为如此,所以当罗马人的荣华显赫已达顶峰,除了自己人而外似乎已无所顾忌的时候,米特里达特却又一次企图推翻迦太基的复灭和菲利普、安提阿库斯、柏西乌斯的败亡所已肯定了的局势。这次战争的惨酷是史无前例的。双方势力都强大,而且互有优越之处;希腊和亚洲的人民,或作为米特里达特的朋友或作为他的敌人而遭受毁灭了。德洛斯就处在不幸的人民大众的包围中,它的贸易从各方面衰落下去了。它的贸易的毁灭是十分必然的,因为人民本身也

---

[1] 亚历山大肯定了雅典殖民地阿米苏斯城的自由。该城享有平民政治,甚至在波斯君王们统治时也如此。路古路斯攻取西诺柏和阿米苏斯,又恢复它们的自由,并把逃往船上去的居民招回。
[2] 参看阿庇安:《反米特里达特战争》中有关发纳高黎人、阿米苏斯人、西诺柏人的记述。
[3] 参看阿庇安所记关于米特里达特使用于战争的巨额财宝、他所隐藏的财宝、他常常因亲戚党徒的出卖而丢失的财宝,和人们在他死后所发现的财宝。
[4] 他有一次损失兵员十七万人,立即就用新兵递补。
[5] 参看阿庇安:《反米特里达特战争》。
[6] 同上。

遭受毁灭了。

罗马人所遵循的另外一个做法，我已经在别的地方谈到了[1]。他们是破坏者，而不能以征服者出现；他们毁灭了迦太基和哥林多；要不是他们征服了整个世界的话，他们这样的行径也许就自取灭亡了。当旁都斯各君王成为黑海希腊各殖民地的主人的时候，他们提防破坏那些可以使他们获致荣华显赫的因素。

第十三节　罗马人的气质和航海事业

罗马人只着重陆军，他们的陆军的精神总是坚定不移，战斗时坚守一个阵地，直到死在那里而后已，他们不尊敬海上的人的战法。海上的人挺身出来要打仗，然后又逃跑，往后又回来，总是闪避危险，常常使用诡计，很少使用武力。这一切不是希腊人的气质[2]，更不是罗马人的气质。

因此，他们用于航业的人员都是那些不够重要，不能在罗马军团里得到地位的公民[3]。他们的航海人员通常是脱离奴籍的人。

我们今天对陆军并不那样尊重，对海军也不那样轻视。在陆军，技术被降低了[4]；在海军，技术被增高了[5]。现在，人们对一件事情的尊重，是按照做好这件事情所需要的才能的多寡而定的。

---

[1] 在《罗马盛衰原因论》内。
[2] 像柏拉图在《法律》第4卷中所指出的。
[3] 波利比乌斯：《历史》第5卷。
[4] 参看《罗马盛衰原因论》第4章。
[5] 同上。

第十四节 罗马人的气质和贸易

人们从来没有提及罗马人在商业上的嫉妒。他们进攻迦太基是因为它是一个竞争国,而不是因为它是一个商业国。他们优待经营贸易的城市,虽然它们并非臣属。因此他们割让几块领土去增加马赛的势力。他们对野蛮人极为害怕,但对经商的民族则无所畏惧。加之,他们的气质、他们的荣耀、他们的军事教育、他们的政体,使他们远离了贸易。

在城市,他们只致力于战争、选举、阴谋和诉讼;在乡村,他们只致力于农业;在领地,他们严厉而暴虐的政府同贸易是格格不相入的。

他们的政制反对贸易,他们的国际法也同样加以排斥。法学家旁波尼乌斯说:"这些和我们没有友谊、没有交情,也没有联盟的民族,并不是我们的敌人。但是,如果有一件我们的东西落入他们的手中,他们就成为所有人了;自由的人成为他们的奴隶;他们和我们的关系也是建立在同样的条件上。"①

他们的民法也同样是暴虐的。君士坦丁的法律宣布,卑贱阶级的人和出身高贵的人结婚所生子女为私生子。此后,又把开商店的妇女②同奴隶、酒馆女主人、唱戏的妇女、开娼寮的老板,或被判罪上斗技场决斗的人的女儿混同起来。这都渊源于古罗马的法制。

我很知道,有些人[28]充满了两种思想,一种认为,贸易是世界上对一个国家最有用的东西;另一种认为,罗马人的施政在世界上是最

---

① 《法律》5,第 2 节等《俘房》。
② "向一般人提供商品。"《法律》1《关于自由民的法典》。

好的，所以这些人相信罗马人一定曾经大大鼓励并尊重贸易；但是事实上罗马人很少想到贸易的事。

第十五节 罗马人和野蛮人的贸易

罗马人在欧洲、亚洲和非洲建立起一个广大的帝国。人民的软弱和号令的暴虐把这个庞大机体的各部分联合在一起。当时罗马的政策是隔断同一切未被臣服的国家的来往；他们害怕制胜的艺术传入这些国家；这就使他们忽略了致富的艺术。他们制定法律，禁绝同野蛮人的一切贸易。瓦连图斯和格拉蒂安说："任何人不得把酒、油或其他饮料运送给野蛮人，甚至只给他们尝尝也不可以。"[1] 格拉蒂安、瓦连提尼耶诺斯和提奥多西乌斯又说："不得带给他们金子；甚至在他们有金子的场合，也要用计谋夺取它。"[2] 铁的输出是被禁止的，违者处死[3]。

多米先是个畏惧怯葸的君主；他下令把高卢的葡萄树都拔掉[4]；这无疑是由于害怕葡萄酒吸引野蛮人到高卢去，像从前它曾经吸引他们到意大利去一样。普罗布斯和茹利安一向不怕野蛮人，又把葡萄树种上了。

我确知，在罗马帝国积弱的时候，野蛮人曾经强迫罗马人建立市场同他们贸易[5]。但是这件事本身正足以证明，罗马人的心思是不愿意贸易的。

----

[1] 《法律》2，《关于野蛮人：有关不许运出的货物的法典》。
[2] 《法律》2，《关于交易和商人的法典》。
[3] 《法律》2，《关于不许运出的货物的法典》。
[4] 普罗哥比乌斯：《波斯战役》第1卷。
[5] 参看《罗马盛衰原因论》。

第十六节　罗马人和阿拉伯、印度的贸易

同"幸福阿拉伯"的贸易和同印度的贸易是罗马对外贸易的两支,而且几乎是仅有的两支。阿拉伯人拥有巨大的财富[1]。这是从他们的海洋和森林取得的。又因为他们买少卖多,所以他们把他们的邻人的金和银吸收了去[2]。奥古斯都知道他们的富裕,就决意同他们做朋友,或做敌人[3]。他派遣爱留斯·加路斯从埃及到阿拉伯去,加路斯发现那里的人民懒惰、安静、不惯于战争。他打了一些仗,围了一些城,仅仅损失七个士兵;但是向导们的欺诈、行军、气候、饥饿、疾病、措施失宜,却使他丧失了全军。

因此,他不得不满足于同阿拉伯人做买卖,像其他民族的做法一样;也就是说,带着金银去换取阿拉伯人的商品。今天人们还是这样同阿拉伯人进行贸易;阿勒波的商队和苏维士的王船带了巨额款项到那里去[4]。

大自然给阿拉伯人规定的命运是经商,而不是打仗;但是当这些安静的人民到了帕提亚人和罗马人的边境时,他们就成为帕提亚人或罗马人的辅助者。爱留斯·加路斯发现他们是商人;但是穆罕默德

---

[1] 甲乙本作:"阿拉伯人过去和今天一样,专事贸易与劫掠。他们的沿海是些大沙漠,但又要寻求财富,因此就产生这两种后果。他们在他们的森林和他们的大海中找到了这些财富。又由于他们卖得多而买得少,他们吸收了罗马人的金和银。今天人们仍然这样地同他们通商。阿勒波的商队和苏维士的王船借了巨额款项到那里去。"
[2] 普利因:《自然史》第 6 卷第 28 章;斯特拉波:《地志》第 16 卷。
[3] 同上。
[4] 阿勒波和苏维士的商队带去"货币二百万*",秘密带去的也一样多;苏维士王船带去的也是二百万。

* 指"每年"。——译者
** 指"镑"。——译者

却发现他们是战士,他用热诚激动他们,因此,你看,他们是征服者了①。

罗马人同印度的贸易是可观的。斯特拉波在埃及听到,他们用了一百二十只船经营这种贸易②。但是这种贸易还只是用他们的银子维持的。他们每年送去五千万塞斯德斯。普利因说,从那里带回来的商品在罗马以一百倍的利润出售。我想他的说法太笼统了,因为如果有一次有这么大的利润,人人就都要去做这种买卖,结局就谁也没有买卖可做了。

罗马人所经营的阿拉伯和印度的贸易是否有利,人们会有疑问。他们不得不送银子到那些地方去,但又不像我们有美洲的富源来供应我们送出去的银子。我认为,他们所以建立银铜币[29]以增加货币的法价,其原因之一是银子的缺乏。而银子的缺乏是由于不断输出银子到印度所造成的。印度商品如果真是以百倍的价格在罗马出售的话,罗马人的这种利润也是从罗马人得来的,绝不能使罗马帝国富裕。

人们可以说,在一方面,这种贸易使罗马人得到了巨大的航业,也就是得到了巨大的势力;新的商品增加了国内贸易,有利于艺术,又支持了工业;国民的数目依照新的谋生手段的增加而增加;这种新的贸易产生了奢侈——我们已经证明,奢侈有利于一人统治的政体,但却可制数人统治的政体的死命;这种贸易一经建立,罗马人的共和政体就陷于衰亡;奢侈对罗马是必要的;把世界的一切财富全都吸收了去的一个城市完全有必要通过奢侈把这些财富反还给世界③。

---

① 甲乙本无此段。
② 《地志》第 2 卷第 181 页,1587 年版。
③ 本节以下各段,除最末段外,甲乙本均缺。

斯特拉波说，罗马人的印度贸易的数量，远远超过埃及的君王们①。罗马人对贸易是门外汉，但他们对印度贸易的注意却超过埃及各君王，而印度贸易就像是放在这些君王的眼前；这真是咄咄怪事。这点有加以说明的必要。

亚历山大死后，埃及的君王们在印度建立了沿海贸易；叙利亚的君王们，拥有帝国最东方的各处领地，所以也拥有印度，因而维持了这种贸易。我们已经在第4节谈到这种贸易；它是通过陆地与河流进行的，并因马其顿各殖民地的建立而得到了新的便利；结果欧洲就经由埃及和叙利亚王国而同印度交通。叙利亚王国的瓜分产生了大夏王国；但对这种贸易并没有任何妨害。据托勒密所引述，推罗人马利奴斯曾谈到通过马其顿商人在印度做出了一些发现②。君王们的远征所没有做到的发现，这些商人们做到了。从托勒密的著作③里，我们看到，这些商人从彼得砦④直走到塞拉，他们发现了一个极偏僻的市场，在中国的东北部，这是一种奇谈。因此，在叙利亚和大夏各君王的时代，印度南方的商品经过印度河、奥克苏斯河和里海到西方来；而较近东方和北方各地的商品则由塞拉、彼得砦和其他市场运到幼发拉底河。这些商人所走的道路大约为北纬线40度，经过中国西部的那些国家，这些国家比今天要文明得多，因为那时候，鞑靼人还没有在那里横行。

这时，叙利亚帝国的陆上商业迅速地发展，而埃及的海上商业却增进得很少。

---

① 他在《地志》第2卷说，罗马人在这种贸易上使用了一百二十只船，在第17卷说，希腊各君王遣派去的船差不多仅仅二十只。
② 《地论》第1卷第2章。
③ 《地论》第6卷第13章。
④ 我们最好的地图所标彼得砦的位置是经线100度和纬线约40度。

帕提亚人出现了，并建立起他们的帝国；当埃及受罗马统治的时候，这个帝国正是鼎盛的时候，它进行了扩张。

罗马和帕提亚是两个竞争的国家。它们打仗为的不是要知道谁应统治，而是谁应生存。在两帝国之间，荒漠形成了起来；在两帝国之间，人们老是武装着；不仅没有任何商业，连交通也是没有的。野心、嫉妒、宗教、仇恨、风俗，把一切都隔开了。因此，东西间的贸易曾经有过几条路线，这时只剩下一条了；亚历山大里亚成为唯一的市场；它增大了。

关于国内贸易，我[1]只要说一句话。就是，为维持罗马人民生活而运来的小麦是国内贸易的主要部分。但是它，与其说是贸易的对象，毋宁说是施政的问题。在这件事上，水手们获得一些特权[2]，因为他们的戒备使帝国得到安全。

第十七节　西罗马灭亡后的贸易

罗马帝国受到侵略；这个一般性的灾难的一个后果就是贸易的毁灭[3]。起初，野蛮人只把贸易当做是他们抢劫的一个对象而已；当他们定居以后，他们对商业并不比对农业及被征服人民的其他职业更为尊崇。

不久以后，欧洲几乎没有什么贸易了；统治着各地的贵族不再被贸易所烦劳。

西哥特人的法律准许私人占据各大河床的一半，倘使在河床的另

---

[1] 甲本作"我们"。
[2] 苏埃多尼乌斯：《格老狄乌斯》第18章。《法律》7，《提奥多西乌斯法典：关于航海家》。
[3] 甲乙本作："在罗马帝国被侵略之后，贸易更被贱视。起初，野蛮人……"

一半人们能够自由抛施网罟和行驶船只的话①；所以在西哥特人所征服的各国内②，贸易当然是很少的。

这时期制定了那些不合理的《未入籍外国人遗产充公法》和《船难法》[30]。这些人认为外国人和他们在民法上并没有任何交往，彼此不相联系，因此，他们对待外国人，在一方面，不需要任何公道，在另一方面，不需要任何仁慈。

北方各民族居住在狭隘的界限内，就他们来说，任何人都是外国人；他们处在贫困之中，对他们来说，什么都可以使他们致富。在他们征战胜利之前，他们定居在一个窄小的、充满岩石的海岸边。他们就靠着这些岩石生活。

给全世界制定法律的罗马人，对船难制定了极为人道的法律③。在船难事件上，他们禁止居住海边的人进行抢劫；而且，他们甚至禁止他们的国库的贪婪④。

第十八节　一条特殊的规定

虽然如此，西哥特人的法律有一项有利于贸易的规定，就是当来自海上的商人们之间发生争讼时，将由他们的本国法官按照本国法律进行裁判。这是建立在这些混杂的民族所共有的一个既成的习惯上的，这个习惯就是，人人按照本国的法律生活。这件事，我在后面还要加以论述。

---

① 《西哥特法》第8卷第4篇第9节。
② 甲乙本作"在这些野蛮人所征服的各国内"。
③ 《法律》，《总题》等，《关于火灾及船难》；《关于船难的法典》；《法律》1、3等，《哥尼利法：关于暗杀》。
④ 《法律》1，《关于船难的法典》。

第十九节　东罗马衰弱后的贸易

伊斯兰教徒出现了，他们进行征服战争，他们自己又分裂了。埃及有了些特别的君主；继续经营印度的贸易。它是印度商品的主人，因而吸收了其他一切国家的财富。它的苏丹们是当时最强大的君主。人们可以在历史上看到，他们如何用一种坚忍不拔的、运用得宜的力量钳制了十字军的热情、激奋和鲁莽。

第二十节　贸易如何冲破欧洲的野蛮

亚里士多德的哲学传到了西方。它为思想细巧的人们所喜悦。这些人在愚蒙的时代是才子。烦琐哲学家们迷恋着亚里士多德的哲学，并从这位哲学家借来他们关于利息贷款的许多说法[①②]，其实在《福音书》里就可以很容易地找到利息贷款的渊源。他们对利息贷款不分皂白，也不管什么场合，一概加以非难。因此，仅仅作为"贱人的职业"的商业更成了"狡诈的人的职业"了，因为无论在什么时候，一件在性质上是许可的或是必需的事物如果被禁止的话，那些做这件事的人就被视为狡诈者了。

贸易转入了一个当时名誉扫地的民族之手[31]；不久，贸易就不再同最可怕的重利盘剥、垄断、征收税金，以及一切以诡诈方法获取金钱的事情有所区别了。

---

① 参看亚里士多德：《政治学》第1卷第9、10章。
② 甲乙本作："烦琐哲学家们迷恋着它，并从这位哲学家借到他们关于利息贷款的教义；他们把利息放贷和重利盘剥混为一谈，从而加以非难，因此，贸易……"

犹太人由勒索致富，而君主们用同样残暴的手段对他们进行掠夺——这使老百姓受到安慰，但并未减轻他们的忧患①。

从英国所发生的事情可以看到其他国家的情况。约翰王监禁犹太人，以索取他们的财产②。这些犹太人至少一只眼睛被挖掉；其中很少有幸免的。这个国王就这样自己执掌司法。有一个犹太人每天被拔掉一颗牙，一连拔了七颗；到了第八颗牙时，他付银一万马尔克。亨利三世从约克的犹太人阿伦勒索了银一万四千马尔克给自己，一万马尔克给王后。今天波兰所做的同当时是一样的；只是当时的做法粗暴，而今天波兰的做法多少缓和些。君王们本来不得凭借特权去搜刮臣民的钱包。他们却对犹太人施加刑鞭，因为犹太人不被当作公民。

最后，人们建立了一种惯例，即没收信奉基督教的犹太人的一切财产。关于这个离奇的惯例，我们是从废除这个惯例的法律知道的③。人们所提出的没收的理由是十分虚妄的；他们说这是要考验犹太人，以肯定他们已完全摆脱魔鬼的奴役。但是这种没收显然是给予君主或贵族以一种获取赔偿的权利，因为君主或贵族向犹太人征税，而当犹太人信奉基督教时，就不能再向他征税了④。当时，对待人就像对待土地一样。我将顺便指出，一世纪又一世纪，这个民族如何受到戏谑。一个时期，如果他们愿意当基督徒的话，他们的财产将被没收。

---

① 参看《西班牙的痕迹》内阿拉贡 1228 和 1231 年宪法；和布鲁塞尔所辑《1206 年国王、商邦伯爵夫人和基·德·唐别尔间成立的协定》。
② 斯洛：《伦敦一瞥》第 3 卷第 51 页。
③ 1392 年 4 月 4 日在巴维尔发布的上谕。
④ 在法兰西，犹太人是"不可让与的"农奴，贵族是他们的继承者。布鲁塞尔先生说，1206 年，国王和狄波，即商邦公爵之间成立了一个协议，同意一方的犹太人绝对不得在另一方的领地内贷款。

不久之后，如果他们不愿意当基督徒的话，就要被人烧死。

但是人们看到，贸易离开了困苦和沮丧的怀抱。犹太人轮流地在各国受到放逐，而发现了保全他们的财产的方法[32]。他们就这样永远地建立起他们固定的隐蔽所；因为君主们虽然很愿意舍弃犹太人的人身，但却不愿意因此而舍弃犹太人的银钱。

犹太人发明了汇票[①]。这个方法使得贸易能够避免暴行，并且能够在各地维持下去。最富裕的商人的财产都看不见了，又可以寄送到各地去，什么地方都不留痕迹。

神学家们不得不限制他们的原则了。贸易曾经被粗暴地同寡信系联在一起；如今就好像是重新回到诚实的怀抱了。

因此，随着贸易的破坏而来的一切不幸是由于烦琐哲学家们的空论[②]；君主们的贪婪反而导致另一种事物的建立，使得贸易多少脱离了君主们的权力的支配。

从这时候起，君主们的治国便要比他们自己所想象的还要明智些，因为肆行威权结局总是笨拙的。经验证明，政府除了仁厚而外没有其他东西能够带来繁荣。

人们就开始医治马基雅弗里主义[③]，并一天天好了起来。劝说告诫[④]时，要更加适中温厚了。过去所谓政治上的妙计在今天除了产生

---

① 人们知道，在菲利普·奥古斯都和高身菲利普朝代，被驱逐出法国的犹太人逃难到伦巴底，他们把秘密的票据给外国商人和旅客；用这种票据，可以在法围向他们的财产委托人取款。后者凭票付清了款项。
② 参看《利奥皇帝法典》第83项新法，该法废除了他的父亲巴吉尔的法律。巴吉尔的法律载《哈麦诺普露斯》第3卷第7篇第27节利奥条下。
③ 即讲权谋术数之意。——译者
④ 指君主们的劝说告诫。——译者

恐怖而外，只是轻举妄动而已。

而且，如果当人们的情欲激动了他们做坏人的思想的时候他们的处境却规定他们不要做坏人才对自己有利的话，这是幸福的。

第二十一节　两个新世界的发现与欧洲的情况

罗盘针就好像把世界打开了。人们发现了亚洲和非洲，过去只知道它们的几段海岸而已；人们也发现美洲，过去对它是茫然无知的。

葡萄牙人在大西洋航行，发现了非洲的最南端；他们看到了一个大海，通达东方的印度。喀摩恩斯歌咏他们在这个海上的危险和莫扎姆比克、墨林达、加利固特的发现。喀摩恩斯的诗歌使人们感到了一些《奥德赛》的娇媚和《伊尼德》的华丽。

在这以前，威尼斯人经由土耳其各邦经营印度的贸易，并且是在忍受凌辱与暴行之中经营的。由于好望角的发现以及不久以后一些其他的发现，意大利不再是商业世界的中心了；它就好像处在世界的一个偏僻角落内，而且现在还在那里。甚至对近东的贸易，意大利也仅仅占辅助的地位而已；今天近东的贸易是以各大国同东西两印度所经营的贸易为依靠的。

葡萄牙人是以征服者的身份同印度进行贸易的。今天荷兰强加于印度的小君主们的关于贸易的束缚性的法律，是由以前的葡萄牙人所制定的[①]。

奥地利王室的富裕是惊人的。查理五世继承了勃艮第，加斯提和

[①] 参看佛兰司斯·比拉尔：《旅行记》第2编第15章的记述。

阿拉贡的领地；他缔造了一个帝国；世界扩大了，使他获得一种新的荣华显赫；人们看到一个新的世界的出现并且是从属于他的。

哥伦布发现了美洲；虽然西班牙派遣很少军队到那里去——欧洲的小君主也同样有能力派遣那么少军队——，但是它却征服了两个大帝国和一些别的大国。

当西班牙人发现并征服西方的时候，葡萄牙人从东方推进，进行征服和发现。这两个国家互相遭遇了。它们诉诸教皇亚历山大六世，教皇划出著名的分界线，判决了一项大争讼[33]。

但是其他欧洲国家不让西葡二国安享他们分割到的份额。荷兰人把葡萄牙人从几乎所有的东印度地区驱逐出去；许多国家在美洲建立了居留地。

起初，西班牙人把发现的土地看做是征服的对象。但是比他们更高雅巧妙的民族却发现这些土地是贸易的对象，并以这种看法指导他们的计划。几个民族的做法是非常聪慧的：他们把统治权交给商人的公司[34]。这些公司管辖遥远的国家纯粹是为着商业；它们成了一种附属的大国，而不使本国感到为难。

人们在那里建立的殖民地具有一种附属的性质；不论今天的殖民地是属于国家本身或是属于某个建立在国内的贸易公司，都是如此。在古代殖民地中，这种事例是极罕见的。

建立这些殖民地的目的是要在比同邻近民族贸易还要优越的条件下进行贸易。同邻近民族贸易时，一切利益是相互的。既成的惯例是：只有母国①可以同殖民地通商。这是有重大理由的，因为建立殖民地

---

① 母国，在古人的语言里，指的是建立殖民地的国家。

的目的是扩展贸易,并不是创建一个城市或一个新的帝国。

因此,欧洲仍然有一条基本法,就是:同外国殖民地进行的一切贸易都被看做是一种纯粹的"非法营业"[35],应该依国法治罪。关于这点,我们不应该依据古代民族的法律和事例去判断;这些法律和事例在这里几乎是不适用的[①]。

人们又公认,母国间建立了贸易,并不因此就可同殖民地进行贸易。殖民地永远是在禁止之列的。

殖民地失掉了贸易的自由。它们的这种不利的地位显然由于母国的保护而得到补偿;母国用武力保卫它,或用法律支持它。

从此就引申出欧洲的第三条法律,就是:当外国被禁止同殖民地贸易的时候,外国就不得在殖民地的海域航行,但经条约规定者不在此限。

国家和整个世界的关系,就好像个人和国家的关系一样。国家也和个人一样,受到自然法和它们所制定的法律的拘束。一个民族可以把海割让给别的民族,也可以割让土地。迦太基人要求罗马人航行不得超过某些界限[②],就好像过去希腊人要求波斯王老是要远离海岸在一只马所能奔驰的距离之外[③]。

我们的殖民地极为辽远,这对这些殖民地的安全并无妨碍;因为母国保卫它们虽然感到辽远,但是母国的竞争国要征服它们也是同样辽远的。

---

① 迦太基人是例外。这一点,人们可以从那结束第一次布匿战争的条约中看到。
② 波利比乌斯:《历史》第3卷。
③ 依据条约,波斯王承担义务,不乘坐任何战舰航行到蓝晶岩和奢利多尼安岛以外。普卢塔克:《西蒙传》。

此外，由于距离遥远，到那里去殖民的人不能适应那么不同的气候下的生活方式，因而不得不从本国携带一切使生活舒适的东西。迦太基为了使撒地尼亚人和科西加人更加从属于自己，便禁止他们垦植、播种或制作任何同自己相类似的东西，违者处死[①]。它从非洲把粮食运给他们。我们已达到相同的阶段，但没有使用那样严峻的法律。我们在西印度各岛的殖民地可真妙极了。它们拥有的贸易物品是我们所没有，也不可能有的；而它们又缺少我们的贸易物品。

发现美洲的后果就是把欧洲、亚洲和非洲连接起来了。欧洲同亚洲那一大块称为东印度的地区进行贸易，美洲则把贸易的货品供给欧洲。银，作为一种标记，对贸易是很有用的金属；但这时，作为商品的银，又已成为世界上最庞大的贸易的基础了。末了一点：非洲的航行成为必要的了；它供给人手到美洲的矿山和田地去工作。

欧洲的权势已达到了极高的程度；它消费浩大，事业显赫，经常维持众多的部队，甚至维持那些最无用的、只是为炫耀而设置的部队；人们只要看看这些情况，就将了解欧洲的权势已是历史上无可伦比的了。

杜亚尔德神父说，中国内部的贸易比整个欧洲的贸易还要庞大[②]。如果欧洲的对外贸易没有增加欧洲的内部贸易的话，情况可能就是如此。但是欧洲经营着世界其他三个地区的贸易和航业；这就同法、英、荷几乎经营整个欧洲的航业和贸易的情况是相类似的。

---

① 亚里士多德：《奇事》。狄特·李维：《罗马编年史》第7卷《第二代史》。
② 《中华帝国志》第2卷第170页。

第二十二节 西班牙从美洲吸取的财富

如果说欧洲从美洲的贸易获得许多利益的话,人们将自然地想象到,西班牙获得的利益是更多的[36]①。它从新发现的世界吸取了极多的金和银,其数量之大是空前的。但是西班牙几乎处处都受到苦难的摧残。这是人们从来没有想到的。菲利普二世继查理五世之位,不得不宣告破产,这次破产是驰名遐迩,尽人皆知的[37]。他的军队经常没有好好拿到薪饷,所以牢骚满腹,他们横行霸道,造反叛变,这些事情使他受到的苦痛,几乎是以前的君主从未有过的。

从这时起,西班牙君主国日趋衰落。这是因为这些财富的性质存在着一种内在的、天然的缺点,使财富化为乌有;这个缺点并且是与日俱增的。

金和银是一种拟制性的或标记性的财富。这类标记很耐用,而且在性质上是难于损耗的。它们的数量越增多,它们的价格就越降低,因为它们代表的东西更少了。

在征服了墨西哥和秘鲁的时候,西班牙人放弃天然的财富以获取标记性的财富——这种财富就自己贬值。金和银在欧洲极为稀有;西班牙人突然拥有巨额的金银,因而怀抱着它从未有过的奢望。但是人们在被征服的国家里所看到的金银在数量上是不能同这些国家的矿山所隐藏的金银相比拟的。印度的矿山隐藏着这种财宝的一部分。此外,这些民族除了用作神庙和王宫的华丽装饰而外是不使用金银的,所以并不像我们那样贪求金银。末了一点:他们又没有掌握从一切矿石提

---

① 这点,我在二十余年前所写的一本小论文的稿本里就已经提及。这篇论文几乎全部并入本书里。

取金属的秘密；他们只懂得从那种可以用火分化的矿石提取金属；他们不懂得使用水银的方法，也许甚至不知道有水银。

虽然如此，欧洲的银钱[38]很快就增加了一倍；这由一切商品售价增加了一倍的事实可以看到。

西班牙人就去开发矿山了；他们挖掘山陵，发明抽水机和击碎并分化矿石的机器。他们玩忽印度人的生命，叫他们无限度地工作。欧洲的银钱很快就增加了一倍，而西班牙人的利润却减少了一半。他们每年就有同数量的金银减少了一半的价值。

时间增加一倍，银钱也增加一倍，而利润又减少一半。

利润甚至减少不只一半。原因如下：

把金子从矿山取出，进行必要的准备工作，再运到欧洲去，这需要一定的费用。我推断，这个费用等于六十四分之一。但是当银钱增加了一倍并因此而减少了一半价值的时候，这个费用就成为六十四分之二了。因此西班牙的船只运进同一数量的金子，就等于运进一种实际上价值减半，而所费倍增的东西。

当这样一倍又一倍地演变下去的时候，人们就看到西班牙财富弱化的因素在不断增长。

他们在印度开矿已大约二百年了。我推断，今天在商业世界流通的银钱的数量和印度发现前的银钱的数量的比例是三十二比一，这就是说，加倍了五次。再过二百年后，银钱的数量和印度发现前银钱的数量的比例将为六十四比一，这就是说，又要加倍了。那么现在，五百公斤矿石出产金子四、五、六英两①；如果只出产二英两的话，

---

① 参看佛烈其埃的著作。

开矿的人就只够支付开销而已。在二百年后，就是四英两的话，开矿人也只够支付开销而已。这样就不能从金子得到多少利润了。银子也是同样的道理，只是银矿的开采比金矿利益略为多些就是了。

但是，如果所发现的矿藏非常丰富，可获得更大利润的话，那么矿藏越丰富，利润就越要消失得快。

葡萄牙人在巴西找到极多金子①②，这就一定使西班牙人的利润和葡萄牙人自己的利润在很短的时间内大大地减少。

我常常听到人们埋怨佛兰西斯一世的朝廷盲目拒绝了哥伦布寻找印度的建议[39]。他们也许是出于无意，实际上却做了一件极明智的事。西班牙所做的就像那愚蠢的国王[40]一样，希望他所点的东西全都变成金子，他不得不回到神明们那里，祈求他们结束他的苦难③。

一些国家建立的公司和银行减低了金和银作为财富的标记的价值；因为通过一些新的拟制，它们大大地增加了财富的标记的种类，以致金和银只起着一部分这种作用④，因而就不那样宝贵了。

所以，对于这些公司和银行，公共信用就是它们的矿山，并更加减少了西班牙人从他们的矿山所取得的利润。

诚然，荷兰人经营东印度贸易，多少增加了西班牙人商品的价值；因为荷兰人带着银钱去换取东方的商品，这在欧洲就减少了一部分西班牙已经过剩的货物。

---

① 据安逊爵士说，欧洲每年从巴西得到二百万磅金子，这些金子就是从山麓或河床的沙子里取得的。当我写本书第一个脚注提及的那本小书时，来自巴西的收益，远不如今天那么重要（1758年版增加的注）。
② 甲乙本作"一些极丰富的金矿"。
③ 甲乙本作"不得不要求神明们结束他的苦难"。
④ 甲乙本作"不再起这种作用"。

069

这种贸易对于西班牙似乎只有间接的关系，但西班牙和本身经营这种贸易的那些国家同样地受益。

根据上面刚刚说过的一切，人们就能够对西班牙议会的一些法令①进行评判了。这些法令禁用金银镀镶器物或制作其他奢侈品。这就像荷兰各邦发布命令禁止人们使用香料一样②。

我的论究并不概括一切矿山。日耳曼和匈牙利的矿山是很有用处的；人们除掉开销所得无多；它们就在主要的邦内；它们雇佣几千人，这些人就消费那里过剩的货品。它们是真正的国家的工厂。

日耳曼和匈牙利的矿山增加了土地耕种的价值；而墨西哥和秘鲁的矿山的工作却破坏了土地的耕种。

印度[41]和西班牙是两个国家而同属一个主人。但印度是主，西班牙仅仅是附庸而已。政策上虽欲使主回复到附庸地位，然而徒劳无功；印度总是吸引着西班牙到它那里去。

每年大约有价值五千万③的商品运到印度去，而西班牙只供应二百五十万而已。那么，印度经营的贸易是五千万，而西班牙是二百五十万。

一种财富，既不凭借国家的工业，不凭借居民的数目，也不凭借土地的耕种，就仅仅是凭借偶然的因素而取得的，这种类型的财富是不好的。西班牙国王从卡迪斯的税关得到巨额的金钱，但是在这方面，他仅仅是一个极穷的国家中的一个极富的个人而已。一切事务就发生在他和外国人之间，他的臣民几乎是不参与的；这种贸易同他的国运

---

① 甲乙本作"最近的一些法令"。
② 这句话的意思是：荷兰香料多，所以如果真有这类禁令，那将是荒谬、可笑的。——译者
③ 指"镑"（法国古时银币）。——译者

的盛衰是不相干的。

如果加斯提有些省份给他像加的斯那样多的金钱的话,他的权力就要大得多了;因为他的富裕只是他的国家的富裕的结果;这些省份就全都要互相激励;它们将更能团结一致地在职务上互相支持。那么,他所有的将不是一个巨大的金库,而将是一个伟大的民族。

第二十三节 问题

西班牙既然自己不能经营印度的贸易,如果它将这方面的贸易向外国开放,是不是更好呢?解答这个问题不是我的责任。我只要指出,倘使西班牙在它的政策所能容许的范围内,尽量少给这种贸易以障碍,则对西班牙是便利的。如果各国带到印度去的商品价格昂贵的话,则印度就要付出它的极多的商品——也就是金和银。以换取外国的商品。如果外国商品便宜的话,印度用以交换的金和银也就少些。如果这些外国互相妨碍,以致它们带到印度去的商品价格便宜起来的话,这也许是有益的了。这些原则,是值得人们研究的,但是人们应该同时考虑以下这些方面,即印度的安全;统一税关的效用;变化太大的危险;人们所能预见到的不便——这常比不能预见到的不便危险少些。

第二十二章　法律与使用货币的关系

第一节　使用货币的理由

贸易用的商品少的民族，例如蒙昧人和只有两三种商品的文明民族，他们的交易是以货易货的。因此，牟尔人的商队到非洲腹地的廷巴克图去，用盐换金子，不需要货币。牟尔人把盐放成一堆，黑人则把金粉末另放一堆。如果金粉末不够的话，牟尔人便把盐减少些，或是黑人再增加些金粉末，这样一直到双方同意[42]为止。

但是如果一个民族经营多种多样货物的贸易，那就必须有一种货币，因为一种携带便利的金属可以节省许多费用；如果经常是以货易货的话，人们将不得不付出这些费用。

所有的国家彼此间互相需要，常常有甲国需要乙国极多的商品，而乙国所需要于甲国的却为数极少，然而在乙国和另一国的关系上，情形又正相反。当各国有货币而进行贸易的时候，那些要较多商品的国家就用银钱结账或偿付超额。在货币交易的场合，一个国家的需要越多，贸易便越大，它所要求的贸易又是多多益善；而在以货易货的场合，贸易则仅仅在一个国家的需要的范围内进行，它所要求的贸易又是越少越好，否则它将无法还账。这是二者的差别。

第二节　货币的性质

货币是一种标记，代表一切商品的价值。人们使用某种金属作货币，因为这样的标记可以耐久①，使用时耗损少，经过多次分割也不会毁坏。人们使用贵金属作货币，为的是使标记易于携带。以金属作公共的量度标准是最合适不过的，因为人们可以容易地把它标准化。每一国家都在货币上加上特别的标识，使它的外表能够和它的标准及分量相符合，而且一看就能辨认它的标准及分量。

雅典人不使用金属而使用公牛②，罗马人使用绵羊；但是两只公牛是不可能一样的，而两块金属是可以做得完全一样的。

金钱是商品的价值的标记，而纸币③是金钱的价值的标记；当金钱的价值好的时候，纸币也就能够很好地代表它，因此在效用上二者毫无区别。

同样，金钱是物品的标记，代表着物品，所以每件物品也就是金钱的标记，代表着金钱；如果，在一方面，金钱很好地代表了一切物品，而且，在另一方面，一切物品很好地代表了金钱，二者彼此互为标记，也就是说，二者价值相适应，如果取得其一，即可取得其二，这种情况就说明这个国家是兴隆的。这种情况，除了宽政的国家之外，是不可能有的；而且，在宽政的国家里，也并不总是这种情况；举一个例子：如果法律优待不诚实的债务人的话，属于他的东西就不能代表金钱，

---

① 阿比西尼亚使用食盐便有这个缺点，就是它不断地自己消失掉。
② 希罗多德在《史诗女神克丽欧》里告诉我们，吕底亚人发现了铸钱的技术；雅典人从他们学到这个技术；雅典钱币上的标识就是他们古代的牛。我在奔布洛克伯爵的陈列室里看到了一枚这样的钱。
③ 原文仅作"纸"，而甲本作"某种纸"。

也不是金钱的标记了。在一个专制的国家里,如果物品能够代表它们的标记的话,将是一件奇事,因为暴政和疑忌使每一个人把金钱都埋在地下①,因此那里的物品是不能代表金钱的。

有时候立法者使用一种艺术,使物品不但在性质上代表金钱,而且同金钱一样成为货币。独裁者恺撒②准许债务人将他的土地按照内战前的价格向债权人清偿债务。提贝留斯③下令,凡是愿意得到钱币的人可从国库取得,而用价值一倍的土地押43给国库。那么,在恺撒时,土地就是货币,可以清偿一切债务;而在提贝留斯时,一万塞斯德斯的土地换成货币时,便等于五千塞斯德斯银币了。

英国的大宪章44禁止攫取债务人的土地或他的收入,如果他的动产或个人物品足以偿还债务,并愿意这样偿还的话。既然如此,一个英国人的一切财产就都代表金钱了。

日耳曼的法律规定,得以金钱赔偿所加于人的损害和犯罪所引起的苦痛46。但是因为国内金钱极少,所以这项法律又规定,得以货物或牲畜当作金钱。关于这点,撒克逊人的法律的规定是依据不同阶层人民安逸和舒适程度的不同而有某些差异的。该法律首先规定货币一苏和牲畜的比值④,即:二圆的苏一枚等于一只十二个月的牛或一只羊和它的羔。三圆的苏一枚值一只十六个月的牛。在这些民族中,货币成了牲畜、商品或货物;而这些东西又成了货币。

金钱不只是物品的标记,它又是金钱的标记,并代表金钱,这点

---

① 阿尔及耳古时有一个习惯,就是每一个家庭当父亲的都有一个埋在地下的宝库。参看塔西:《阿尔及耳王国的历史》第1卷第8章。
② 参看恺撒:《论内战》第3卷。
③ 塔西佗:《史记》第6卷第17章。
④ 《撒克逊法》第18章。

我们将在论兑换率那一节里看到。

第三节　想象的货币[46]

货币有真实的货币和想象的货币。文明的民族差不多全都使用想象的货币，这只是因为他们已经把真实的货币变成了想象的货币。首先，他们的真实货币是某种金属，具有一定分量与一定成色。但是不久，由于不诚实或由于材料的缺乏，人们把每一货币的金属减去一部分而仍然使用同一名目。例如将一磅重的银币减去一半的银子而仍然把它叫做一磅；一苏应该是一磅银的二十分之一；虽然它已不再是一磅银的二十分之一，但人们仍然称它为一苏。这样，磅已是想象的磅，苏已是想象的苏；其他辅助货币也是如此。这样继续下去，便到了一个时候，人们所谓磅的只是磅的极小一部分了；这就把磅更想象化了。甚至可能到了一个时候，人们不再造准确地值一磅的货币，也不造值一苏的苏；这时磅和苏就是纯粹的想象货币了。人们将随意把一枚货币叫做多少磅和多少苏；变化将不断发生，因为给一件东西改变名称是容易的，而要改变这东西的本身则是困难的。

对一切要求贸易繁盛的国家，有一项极好的法律，可以根绝这些流弊，就是，规定只能使用真实的货币，并禁止一切可能使它变成想象货币的办法。

一切东西所共有的量度标准是最应该避免变化的。

贸易本身就是极不固定的东西；在这种根据事物的本质而产生的不固定的东西上又加添一种新的不固定的东西，将是一种极大的弊害。

第四节　金银的数量

当文明的国家成为世界的主宰的时候，金和银一定天天增加，不论是从彼此之间取得的，或是来自矿山的。反之，当半野蛮的国家占上风的时候，它们便减少。我们知道，当哥特人和汪达尔人从一边、萨拉森人和鞑靼人从另一边，像洪水那样侵吞一切的时候，这些金属是如何稀少。

第五节　续前

由美洲矿山取出的银子被运到欧洲，继而由欧洲送到东方去。它促进了欧洲的航业。因为它并且是一种商品，欧洲通过交易从美洲取得了它，再通过交易而把它送到印度去。因此，当人们把金银看做是商品的时候，大量的金银便是好事。但是当人们把它们看做是标记的时候，大量的金银就不是好事，因为它们的数量多了就会损害它们作为标记的质量，它们作为标记的质量主要是以它们的稀有为基础的。

在第一次布匿战争以前，铜和银是九六〇比一[①]；今天差不多是七三点五比一[②]。如果银的比例是和古时一样的话，它将会更好地发挥它的标记的作用。

---

① 参看本章第 12 节。
② 假定银每马尔克重值四十九镑，铜每镑重值二十苏。

第六节　印度发现后为什么利息[47]减少了一半

　　加尔基拉梭说，西班牙在征服了印度之后，利息从百分之十下降到百分之五①。这是当然的。突然有大量的银运进欧洲；需要银子的人很快就减少了；各种物品价格增高，而银子的价格却降低了；因此比例被打破了，一切旧债也都还清了。人们还能记得，在"拉斯体制"②③的时代，除了金钱之外什么东西价值都很高。征服了印度之后，有了金钱的人就不得不减少他们的商品④的价格或租价，也就是说，减低利息。

　　从那时起，贷款不能回复旧时的利率，因为欧洲金钱的数量年年都在增加。此外，某些国家的公款是以贸易所获得的财富为基础的，借出时利息极为微薄，以致私人的契约不能不照样调整。最后，交易使人们特别容易把金钱从一个国家带到另一个国家去，没有一个地方会缺乏金钱，因为各个金钱丰足的地区都可以供给它。

第七节　在标记的财富的变化中，物价是如何确定的

　　货币是商品或货物的价格。但是这个价格是怎样确定的？换句话说，每一件东西应该用多少分量银子去代表呢？

　　如果人们把全世界的金和银的数量同商品的数量比较一下的话，

---

① 《西印度群岛西班牙人内战史》。
② 在法国，人们对拉斯的计划就简单称为"体制"，不再冠以拉斯的名字。
③ 参看本书第29章第6节译者注。——译者
④ "商品"指的是金银。——译者

077

则每一件个别商品或货物一定可以同全部金银的某一分量相比。一方的总数既和另一方的总数相比，那么一方的一部分也就可以和另一方的一部分相比。假定世界上只有一种货物或商品，或是只有一种商品出售，而且它又能像金银一样加以分割的话，那么这种商品的一部分便将等于所有金银的一部分；商品全部的一半则等于金银全部的一半；商品的十分之一，百分之一，千分之一则等于金银全部的十分之一，百分之一，千分之一。但是人类之间构成"所有物"的并不同时都投进贸易，作为"所有物"的标记的金属或货币也不是同时都投进贸易，所以物价是依据物品的总数比标记的总数和投入贸易的物品的总数比投入贸易的标记的总数的复比例而确定的。又今天没有投入贸易的物品明天可能投入贸易，今天没有投入贸易的标记明天也同样可能投入贸易。所以物价的建立在基本上总是依据物品的总数和标记总数的比例。

因此，一个君主或执政官不再有可能仅仅发一道命令把一比十的关系规定为一比二十来平准商品的价值。茹利安[48]由于降低了安提阿货物的价格而引起当地可怕的饥荒[①]。

第八节 续前

非洲沿岸的黑人没有货币而用另一种价值的标记。它是一种纯粹想象的标记。他们按照自己需要的大小而在脑子里形成了对每一种商品的估量。他们的价值标记就是以这种估量的高低为基础的。某一货

---

① 苏格拉底：《教会史》第2卷第17章。

物或商品值三麻谷特；另一种，六麻谷特；又另一种，十麻谷特；这就同简单说三、六、十是一样的。价格是他们用所有商品互相比较而规定出来的；这样，他们就没有特殊的货币，而每种商品就是另一种商品的货币了。

让我们把这种估价物品的方法暂时搬到我们这里来，并把它和我们的估价方法连合在一起：这样，世界上一切商品和货物或是某一特定国家——假定是一个和其他国家分离的国家——的一切商品或货物便将值某一数目的麻谷特。如果把这个国家的金钱按所有麻谷特的数目加以分割，则分割了的一份金钱便将等于一个麻谷特的标记。

假使金钱的数目增加一倍，那么和一个麻谷特对等的金钱也必须增加一倍了；但是如果把金钱增加一倍时，你也把麻谷特增加一倍的话，那么其比例将仍然和二者未加倍前的比例一样。

如果从发现印度以后，欧洲的金和银增加的比例是一比二十的话，货物和商品价格的增长比例也将是一比二十。但是如果在另一方面商品数量的增加是一比二的话，则商品和货物的价格必然一方面按一比二十的比例增加，另一方面按一比二的比例下降，而结局仅仅按一比十的比例增长。

货物和商品的数量由于贸易的增加而增加；贸易由于金钱的增加而增加，并由于同新大陆和新海洋的新交通而增加。金钱源源而来；新大陆和新海洋把新货物和新商品供给我们。

第九节　金和银相对性的稀少

金和银除了绝对性的丰富与稀少之外，在彼此互相比较时，又有一种相对性的丰富与稀少。

悭吝的人把金和银贮藏起来，因为他们不愿意消耗它们，他们喜爱这些不易毁坏的标记。他们喜欢保存金甚于保存银，因为他们既然总是怕遗失，那么占地方少的当然比较便于隐藏。因此，当银子多的时候，金子便看不见了，因为每个人都有一些金子可以隐藏起来；当银子少的时候，金子便露出面来，因为人们被迫把它从隐藏的地方取出来。

所以，这是一条规律：当银子稀少时，金子就普遍；金子稀少时，银子就普遍。这使人们看到它们相对性的丰富与稀少同它们真正的丰富与稀少是有区别的。这些，我在下面还要多多地谈及。

第十节　兑换率

各国货币在比较上有多有少，这便形成所谓兑换率。

兑换确定货币当前的暂时性的价值。

银，作为一种金属，具有同其他一切商品一样的价值；它又具有另一种价值，因为它能够成为其他商品的标记；如果它只是一种单纯的商品的话，它的价值无疑将要大大地降低。

银，作为货币的场合，具有一种价值；这种价值，君主在某些关系上能够加以规定，而在另一些关系上则不能加以规定。

君主规定作为金属的银和作为货币的银二者之间数量的比例。其次，他规定用作货币的各种金属之间的比例。其三，他规定每个货币的重量与成色。其四，他赋予每个货币以我在上面所说的想象价值。我把货币在这四种关系上的价值叫做绝对价值；因为它可以用法律加以规定。

除此之外，每个国家的货币和其他国家的货币相比较时，就有一种相对价值。这种相对价值是由兑换所建立的。它主要是以绝对价值为依据。它是依据商人们最广泛的估价而规定的，不能够用君主的命令加以规定，因为它不断变化，并且是以千百种情况为依据的。

各国在规定这种相对价值的时候，主要是依从金钱最多的国家。如果后者的金钱多得同其他所有的国家的金钱的总数相等的话，那么每个国家就十分有必要依从它的标准了。这就使它们彼此间所定的比例和它们同该首要国家间所定的比例相差无几。

在目前世界状况下，荷兰[①]就是我们所说的这个首要国家了。让我们检查一下兑换率和它的关系。

荷兰有一种货币叫做佛罗棱，值二十苏，或四十个半苏或格罗。为把这些观念简化起见，就让我们想象：荷兰并没有佛罗棱，而只有格罗。那么一个人有一千佛罗棱的话，他就有四万格罗了。余类推。现在，同荷兰进行兑换就必须知道，其他国家每个货币值多少格罗：法国人通常以合三里佛尔的埃巨计算，所以在兑换上就必须知道合三里佛尔的一个埃巨值多少格罗。如果兑换率是五十四的话，那么合三里佛尔的一个埃巨就值五十四格罗；如果兑换率是六十的话，那么它就值六十格罗；如果银币在法国是少了的话，合三里佛尔的一个埃巨所值的格罗就多些；如果银币是多了的话，那么一个埃巨所值的格罗就少些。

这种多与少是兑换率变化的缘由；这种多与少并不是实在的，而

[①] 荷兰人依据他们彼此间的一种决议几乎给整个欧洲规定了最适合于他们自己利益的兑换率。

是比较上的。例如，法国很需要把款项放在荷兰，而荷兰则不那么需要把款项放在法国，在这种场合，人们就可以说法国的银子多了。反之亦同。

假定同荷兰的兑换率是五十四。如果法国和荷兰只是合在一起的一个城市的话，它们的兑换法将和我们兑换一个埃巨一样，即法国人从口袋里拿出三个里佛尔，而荷兰人则从口袋里拿出五十四个格罗。但是巴黎同阿姆斯特丹是有些距离的，所以在荷兰有五十四个格罗的人要同我兑换合三个里佛尔的一个埃巨时就不能不给我一张向荷兰支取五十四格罗的汇票。这里已不是五十四格罗的问题，而是五十四格罗的汇票的问题。因此，要判断银子是少是多，就必须知道在法国要在法国支付的五十四格罗的汇票是否多于要在荷兰支付的埃巨汇票[①]。如果荷兰人开的汇票多而法国人开的埃巨汇票少，那么银子在法国就少，在荷兰就多了，那么就必须提高兑换率，人们要换取我的一个埃巨就要出比五十四还多的格罗了，要不然我就不给换取了；反之亦同。

人们看到，汇兑的种种作用形成了一种收入和支出的账目，时常需要清算：这时一个负债的国家不能通过汇兑向其他国家清偿债务，就像一个私人不能凭兑换银钱清偿债务一样。

假定世界上只有三个国家：法国、西班牙和荷兰；西班牙一些私人在法国欠下银十万马尔克；法国一些私人在西班牙欠下银十一万马尔克；由于某种情况，西班牙和法国的每个私人必须立即收回他的银钱。那么，汇兑将起什么作用呢？两国将偿付对方十万马尔克，但是

[①] 一个地方，银比纸币多，就是银多；纸币比银多，就是银少。

法国将欠西班牙一万马尔克,西班牙将要求法国支付一万马尔克的汇票,而法国则不要求西班牙支付任何汇票。

假定荷兰同法国的关系正是相反,它而且欠法国一万马尔克需要清偿,法国将有两个法子可以偿付所欠西班牙的款项。一个是把要求荷兰债务人支付的一万马尔克的汇票给予在西班牙的债权人;一个是寄一万马尔克银币到西班牙去。

因此,当一个国家要在另一个国家付款的时候,不论它是付银币或是开汇票,从事物的性质来说,都是一样的。这两个支付方法哪一个有好处,完全要看实际情况而定;要看当时到底是寄去的银币或是要求荷兰支付同样款额的汇票能够得到较多的格罗①。

如果法国的同成色、同分量的银币能够在荷兰换到同成色、同分量的银币的话,这就叫做汇兑价平。就目前②货币情况来说,汇兑的平价大约是每埃巨换五十四格罗。如果在五十四格罗之上的话,就叫做汇兑价高;如果在五十四格罗之下的话,就叫做汇兑价低。

当汇兑在一定情况之下,如果要知道一个国家到底是获利或是受损,就要看这个国家是债务者,或是债权者,或是购买者。当汇兑率低于平价的时候,这个国家如果是债务者就要受损;如果是债权者就会获利;如果是购买者就受损,如果是出卖者就获利。如果这个国家是债务者就要受损,这是显而易见的。举例说,假如法国欠荷兰若干格罗。那么法国的埃巨所值格罗越少,法国就要用更多的埃巨去还债。反之,如果法国是若干格罗的债权者的话,则每一埃巨所值格罗越少,它所要得到的埃巨就会越多。这个国家,在作为购买者的场合,也是

---

① 扣除寄送和保险的费用。
② 即 1744 年。

要受损的；因为它总是需要同一数额的格罗去购买同一数量的商品。在汇兑价低的场合，每个法国埃巨所换得的格罗就少些。由于同一理由，这个国家如果是出卖者的话，就会获利。我在荷兰出卖我的商品所获得的格罗的数目和我过去出卖商品时所获得的格罗的数目相同；但是我在法国获得更多的埃巨，因为我用五十格罗可以换取一个埃巨，当然比我要出五十四格罗去换取一个埃巨时的数目多。在对手国，则一切正是相反。如果荷兰欠法国若干埃巨，它就将获利；如果是别人欠它的话，它就要受损；如果它卖出的话，它将要受损；如果它买入的话，它将要获利。

但是这点，我们还应继续追下去。如果汇兑率在平价之下，比方说，是五十而不是五十四的话，那么结果是：法国汇寄五万四千埃巨到荷兰去，将只能购买到五万的商品；而在另一方面，荷兰汇款五万埃巨到法国，就可当五万四千埃巨购买商品；这样相差五十四分之八，也就是说，法国损失七分之一以上；所以不能不比汇兑平价时多寄七分之一的银钱或商品到荷兰去，而且，这种损害总是在增长着，因为这样一种债务将要使汇兑率更往下降，最后法国将要破产。这看来，我说，一定会这样，但是依据我在他处[①]所肯定的原则，并不会这样。这个原则是，各国总是要设法使自己收支平衡，并争取偿清债务。因此它们仅仅按照它们的支付能力借债，仅仅按照它卖出的比例买入。就上违例子来说，如果在法国汇兑率由五十四下降到五十的话，过去支付五万四千格罗购买一千埃巨商品的荷兰人将只要支付五万了，如果法国人同意的话。但是法国的商品将在不知不觉间涨价；法国人和

---

① 参看第20章第23节。

荷兰人就将分享利润，因为一个商人已经获利，他就容易让人分享他的利润。因此利润成为法国人和荷兰人共通的了。同样，那些过去付五万四千格罗购买荷兰商品并依五十四汇兑率支付一千埃巨的法国人，将不得不多付五十四分之四的法国埃巨购买同样的商品了。但是感到将受损失的法国商人就会少进荷兰货。因此，法荷商人都将受到损失。国家将在不知不觉间使自己收支均衡；汇兑率的下降不会带来人们所应该害怕的一切不便。

当汇兑率在平价之下的时候，一个商人可以把他的资金放到外国而不使他的财富蒙受损失，因为当他把资金收回本国时，他将再赚回他所受的损失。但是一个君主是仅仅寄钱到外国而永远不收回本国的，所以他总是蒙受损失。

任何国家，如果商人做的买卖很多，汇兑率必然要增高，这是因为商人们订了许多契约，买了许多商品，并吸引外国来支取款项。

如果一个君主积聚极多银钱在他的国家里，那么那里的银钱可以是真正地少，而比较地多。举例说，当它不能不为许多外国货物付款的时候，汇兑率就要下降，虽然银钱少。

各地方的汇兑总是要自己形成某种比例的；这是因为事物的性质本身就是如此。如果爱尔兰对英格兰的汇兑率是在平价之下，英格兰对荷兰的汇兑率也在平价之下的话，那么爱尔兰对荷兰的汇兑率就要更低了。这就是说，爱尔兰比英格兰和英格兰比荷兰这个复比例的结果就是如此；因为当一个荷兰商人可以间接地通过英格兰从爱尔兰取款时，他是不会多花钱去直接向爱尔兰取款的。我说，应该是如此；但不是准准确确就会如此；总是会有一些场合使事情发生变化。从一个地方或从另一个地方获取不同的利润，这是银行家们的艺术或特殊的技巧[1],不是这里要讨论的问题。

当一个国家增长它的货币——例如,把过去的三里佛尔或一埃巨叫做六里佛尔或二埃巨——的时候,这种新叫法实际上对埃巨无所增加,所以在汇兑时一个格罗也不应当多得。两个新埃巨应该只能换得一个旧埃巨所能换得的格罗。如果不是这样的话,那不是因为这个国家的这个新规定本身发生了这个效果,而是因为这个规定是新的,又是突然的。汇兑总是依附原来已开始的事务,要经过一个时期才能转入轨道。

如果一个国家不简单地凭一项法律来增长它的货币,而是重铸新币,把一种强币变成弱币的话,在铸造的过程中就要出现两种货币,即旧的强币和新的弱币。强币既已失去信用,只有铸币厂接受它,结果,在汇票的场合,就不能不按新币支付,那么兑换率似乎也不能不按新币规定了。举例说:假定法国把货币弱化了一半,合三里佛尔的一个旧埃巨在荷兰可换六十格罗,新埃巨则只能兑换三十格罗了。在另一方面,兑换率似乎又应按旧币的价值规定,因为占有钱币和汇票的银行家不能不带着旧币到铸币厂换取使他吃亏的新币。因此,兑换率就被放在新币价值与旧币价值之间。旧币的价值就好比是下降了,因为在贸易中已经有些新币,同时又因为银行家由于利益关系愿意尽快把他柜里的旧币拿出来使它起作用,有时甚至被迫用它来付账,所以不能严格计较。在另一方面,新币的价值又似乎是上升了,因为,我们将要看到,银行有了新币的时候就将处于一种境地,可从获取旧币而得大利。因此,兑换率就将像我所说的,在新旧币之间了。既然这样,

---

[1] 甲乙本作"艺术与特殊的技巧"。

银行家们可以把旧币送出国外而获利,因为他们可以得到按旧币规定的兑换率的好处,也就是说,在荷兰可以得到许多格罗,而在兑换回来的时候,兑换率则定在新旧币之间,也就是说,低一些,这就使他可以在法国取得许多埃巨。

假定:依据目前的兑换率,旧币的三里佛尔可换四十五格罗,把同一埃巨(三里佛尔)带到荷兰去的时候可换六十格罗;但是一张四十五格罗的汇票可以在法国兑换合三里佛尔的一个埃巨;这一埃巨被带到荷兰去又可以换得六十格罗。这样,所有旧币都要流出铸造新币的国家之外,获利的将是银行家们。

为了补救这点,就不得不施行一个新办法。那就是:铸造新币的国家自己把大量旧币送到规定兑换率的国家去,就这样在那里取得信用,这将使合三里佛尔的一个埃巨的兑换率升高到和旧币合三里佛尔的一个埃巨的原有兑换率相接近。我说接近,是因为,如果利润太少的话,就不能引诱人们把货币运出国外,运出货币不仅要付运费,而且要冒没收的危险。

把这点好好说清楚是有必要的。伯尔纳先生——或是国家所雇佣的任何一个银行家——开一些给荷兰的汇票,并且比目前兑换率多给一、二或三格罗。他不断把旧货币运送到外国去,就用这些旧货币在外国建立了一种准备金,这样他就提高兑换率到上述的程度。同时,由于他开了些汇票,他抓住了一切新币,而迫使其他需要用款的银行家不能不把旧币送到铸币厂去。而且,由于他在不知不觉间拥有一切金钱,所以这时他就可能去强制别的银行家给他开兑换率极高的汇票了,末了的利润赔补了他开头的损失的大部分。

人们看到,在这个办法实施的整个过程中,国家要渡过一个极险恶的危机，银根将非常吃紧，因为（一）必须使大部分货币失去信用；（二）必须运送一部分货币到外国去：（三）每个人都要把钱收藏起来；没有一个人愿意把他自己希望得到的利润让给君主。这个办法如果做得慢了是危险的；但如果做得快了也同样是危险的。如果想取得的利润过奢的话，其障碍也将随比例而增多。

人们在上面看到，当兑换率低于货币的时候，把货币运出国外是可以获利的。根据同一理由，当兑换率高于货币的时候，把货币运回本国是有利可图的。

但是有一种情形，虽然兑换率是平价，然而把货币运出国外还是可以获利。这就是把货币运国外去改换币名或重铸。当货币运回本国时，不论在本国使用或支付外国汇票，都是可以获得铸造的利润的。

假定在一个国家里，有人开设了一个公司，公司股份极多，几个月后，股价又升涨得比初购时的价格高出二十或二十五倍；不但如此，这个国家又建立一家银行，该行又发行具有货币功用的钞票，这些钞票的法币价值又高得惊人，以适应公司股份的惊人的法币价值（这就是拉斯先生的制度）。

那么，山事物的性质所将产生的后果是：这些股份和钞票怎样地产生，也将怎样地消灭。股份的价格突然比原价高涨二十或二十五倍，这就不免给好些人提供了获取巨额纸币财富的门路。每个人都将想法保全自己所发的财；汇兑既然是改变财产性质和随意移转财富最便利的方法，他便将不断地把他的一部分家财寄到那规定兑换率的国家去。不断向外国汇款将促使兑换率下降。如果在拉斯制度时代，按照银市的成色与分量所定的兑换率是四十格罗换一个埃巨的话，则当无数纸币成为通货的时候，人们将只愿出三十九格罗去换一个埃巨了；后来则只愿出三十八、三十七……格罗了。越来越少，到了只愿出八格罗；最后，兑换终于停止了。

在这种情况之下，兑换上就应该规定出法国银币和纸币的比例。我想，按照银币的分量和成色，银币合三里佛尔的一个埃巨是值四十格罗；在兑换纸币时，纸币合三里佛尔的一个埃巨则只值八格罗，相差五分之四。这样纸币合三里佛尔的一个埃巨的价值比同额银币的价值少五分之四。

第十一节　罗马关于货币的措施

在现代的法国，曾有两任内阁相继凭借政府权力给法国的货币采取了重大措施[①]；但是不管怎样，罗马人在这方面所做的比我们还要多哩；他们这样做不是在共和国腐败的时代，也不是在共和国纷乱的时代，而是在它征服了意大利各城市后同迦太基人争霸的时代；这是由于它的智慧与勇敢，正是它的制度鼎盛的时代。

而且，我很高兴，现在能够对这件事情作稍为深入的考察，使非范例的东西不致被当做范例看待。

一个爱斯（铜钱）本来应该含有十二盎司（两）的铜；在第一次布匿战争的时候不过重二盎司；到了第二次布匿战争的时候，则只是一盎司了[②]。这种缩减就是我们今天所谓货币的增长。把合六里佛尔的一个埃巨减去一半的银，当做两个埃巨使用，或是提高它的价值为十二里佛尔，是完全一样的。

---

① 指为虚币实用所作的努力。——译者
② 普利因：《自然史》第33卷第13条。

当第一次布匿战争时,罗马人的做法如何,现在已无遗迹可考;但是他们在第二次布匿战争时的做法,却是具有卓越的智慧的。当时共和国没有力量清偿它的债务。一个爱斯的铜,重二盎司、一个逮那利值十个爱斯,值铜二十盎司。共和国把爱斯改为铜一盎司①;它占了债权人一半的便宜[49];它就这样用铜十盎司去支付一个逮那利。这个措施给国家一个巨大的震动,因此应该使这个震动越轻越好;这个措施是不公道的,因此应尽量缩小它的范围。这个措施的目的是要使国家有能力清偿它所欠国民的债务;并不是要使国民有能力清偿彼此间的债务;因此应该有第二项措施。所以罗马人又规定,一向合十个爱斯的逮那利,将合十六个爱斯。这样两种措施双管齐下的结果是:共和国的债权人损失一半②,而私人的债权人则只损失五分之一③;商品的价格也只增长五分之一;货币的真正变化只是五分之一。其他后果是不言而喻的了。

由此可见,罗马人的做法是比我们高明的。我们的做法把公共的钱财和私人的钱财都混淆在一起。不仅如此,人们将看到④,罗马人是利用比我们更为适宜的时机采取措施的。

第十二节　罗马人如何选择时机对货币采取措施

古时候,意大利的金和银是很少的。这个国家的金矿或银矿很

---

① 普利因:《自然史》第33卷第13条。
② 他们名义上接受二十盎司的铜,而实际上只接受十盎司。
③ 他们名义上接受二十盎司的铜,而实际上接受十六盎司。
④ 甲乙本无"人们将看到"句。

少，或是说，等于零。当高卢人侵占罗马的时候，那里就只有金一千镑①。但是罗马人劫掠了一些强盛的城市并把它们的财富运回罗马。在长时期内，他们仅仅使用铜币。直到同比鹿斯和议之后，他们才有足够数额的银铸造货币②。他们用银铸逮那利；一个逮那利合十个爱斯③，或是说，铜十镑。当时银和铜的比例是一比九百六十；因为一个罗马的逮那利值十个爱斯或十镑的铜，也就是说，值一百二十盎司的铜；而同一逮那利值银八分之一盎司④；这就获得我们刚才所说的比例。

当罗马成为意大利最靠近希腊和西西里那一地区的主人时，它就逐渐理解到自己是处于两个富裕民族——希腊人和迦太基人——之间了。罗马的银子增多了；银和铜一对九百六十的比例不可能再维持下去了。它对货币，采取了各种措施；这些措施是我们所不晓得的。我们只知道，在第二次布匿战争的初期，一个罗马的逮那利只值铜二十盎司⑤，因此银和铜的比例只是一对一百六十而已。这样的缩减是很大的，因为共和国取得了一切铜币的六分之五。但是共和国只是依据事物的要求而建立作为货币的金属间的比例而已。

第一次布匿战争议和之后，罗马人成为西西里的主人。不久，他们进入撒地尼亚，并开始知道了西班牙，因此，罗马的银子更大量地增加了。他们就采取措施，把每个逮那利的银从二十盎司减为

---

① 普利因，《自然史》第33卷第5条。
② 佛兰舍谬斯：《补篇》第二时期第5卷。
③ 同上。佛兰舍谬斯说，罗马人又铸"规那利"（等于半个逮那利）和塞斯德斯（等于四分之一个逮那利）。
④ 步逮乌斯说是八分之一；其他著者说是七分之一。
⑤ 普利因，《自然史》第33卷第13条。

十六①。这样做的效果，在重新调整了银和铜的比例。这个比例过去是一对一百六十：现在改为一对一百二十八了。

请研究罗马人，你将发现，他们无论做好事坏事都是最会选择时机的②。

第十三节　皇帝时代对货币采取的措施

在共和国时代，对货币所采取的措施是缩减货币的分量。国家使人民了解它的需要，并无意欺惑他们。皇帝时代所采取的措施，是使用合金。这些君主，甚至由于他们的宽施博舍，走进了绝望的境地；他们看到非降低货币的质量不可。他们使用了间接的方法，减少了痛苦，而在表面上又好像没有触动痛处似的。他们撤回了一部分施与，但又不公开。他们不说减少薪金和施与，但薪金和施与却是减少了。

在博物馆里，人们还能够看到镀银的罗马古币，只是在铜的上面敷上一层银箔而已③。狄欧的《罗马史》第77卷的一个断篇里就谈到这种货币④。

狄狄乌斯·茹利安最先降低了货币的质量。人们发现，卡拉卡拉的货币，合金部分占一半以上⑤；严厉亚历山大的货币，合金占三分之二⑥。货币的质量继续下降：到了伽利耶诺司时候，就仅仅是镀银

---

① 普利因，《自然史》第33卷第13条。
② 甲乙本没有末了这段。
③ 参看茹珀神父著《货币学》，1739年巴黎版，第59页。
④ 在《道德与邪恶选录》内。
⑤ 见《沙窝特》第2篇第12章；和1681年7月28日《学者新闻》关于发现五万罗马古币的记述。
⑥ 同上。

的铜币了①。

人们感到，这些剧烈的措施在今天是行不通的；今天一个君主可以欺骗自己，但不能够欺骗任何人。汇兑事业使每一个银行家学会了将世界上的一切货币加以比较，并给予它们以公道的评价；货币的成色已不可能再保守秘密了。如果一个君主开始使用仅仅混合少量银的铜币，则人人都将仿效，并为君主制造这种铜币；好的货币将首先流出国外，回到君主那里去的将是劣币。如果这位君主好像罗马的皇帝们一样，只贬低银而不贬低金的话，他就会看到金子突然敛迹，而他所有的将只是坏银而已。我在前章已经谈过②，汇兑曾摧毁了凭借政府权力的发动而采取的重大措施，或至少曾使这种措施不能成功。

第十四节　汇兑如何使专制国家感到苦恼

俄罗斯就是愿意脱离它的专制主义的话，也是不可能的。建立贸易就必须建立汇兑；而汇兑的作用是和它的一切法律相抵触的。

1745 年，俄国女皇[50]下令驱逐犹太人，因为他们把被放逐于西伯利亚的人们的银钱以及给她当差的外国人的银钱送到外国去。帝国的全体人民就像奴隶一样，如果没有得到许可，谁都不能出国，财产也不能送出国外。汇兑是把银钱从一国寄到另一国去的手段，因此同俄罗斯的法律是矛盾的。

甚至贸易，也是同俄罗斯的法律相抵触的。俄罗斯的人民只是奴隶所组成的。一种奴隶是依附于田地的；另一种奴隶叫做僧侣或士绅，

---

① 见《沙窝特》第 2 篇第 12 章；和 1681 年 7 月 28 日《学者新闻》关于发现五万罗马古币的记述。
② 第 21 节。

因为他们是前一种奴隶的主人。此外几乎没有第三种身份的人，来当手工艺人和商人了。

第十五节　意大利某些国家的惯例

意大利某些国家制定法律，禁止国民出卖地产，把钱带到外国去。这些法律也许是好的，因为每个国家的财富和国家本身有着很密切的关系，而这些法律使财富极不容易流到外国去。但是一到有了汇兑，财富就多多少少不属于任何个别的国家了，而且又极容易被人从一个国家带到另一个国家去，那么这种法律就是坏的了，因为它禁止人们为自己的事务处分地产，但同时他又可以处分他的金钱。这种法律是一种坏法律，因为它给动产[51]比地产优越的地位；因为它使外国人讨厌，不愿到这个国里来居住；末后一点：因为人们是能够逃避这种法律的。

第十六节　国家能够从银行家得到的援助

银行家的职务是换钱[52]，而不是贷款。在君主仅仅是用银行家来换钱的场合，由于君主只有在大事情上换钱，他所给银行家们作为手续费的利润就是极微少的话也将是一笔大生意。如果银行家们要求巨额利润，那么我们便可以肯定，行政是有缺点的；如果反之，银行家们被用来垫付款项的话，那么他们的策略便将从他们的银钱获取巨额利润，而同时又让人不指责他们重利盘剥。

第十七节 公债

有些人认为,一个国家向自己的国民借债是有好处的。他们想,这样做增加了财富的流通,因而增加了财富。

有一种流通券,它代表货币;又有一种流通券,标志着一个公司在贸易上已获得或将获得的利润。另一种券,则代表一种债务[53]。我认为,人们把前两种和后一种混淆了。前两种对国家很有益处;后一种则不可能有什么好处。依据这种债券,私人放给国家的债有了好的保证;人们从这种债券所能希望得到的好处,只此一端而已。但是,这种债券却产生如下的弊害:

1. 如果外国人拥有大量这种债券的话,他们每年将从国家取得巨额的利息。

2. 这样长期负债的一个国家,兑换率必定是很低的。

3. 为支付公债利息所征的税,将使工人的劳动价格增长,因而损害了工业。

4. 国家真正的收入竟是取自活动和勤劳的人[①]而给予惰民[②];这就是说,把劳动的便利给予不工作的人,而把劳动的困难给予做工作的人。

上述债券有这些弊害;而我看不出它有什么好处。如果有十个人,每人从经营土地或贸易中得到的收益是一千埃巨(十人合计一万埃巨)。国家有这笔款项,就可以发行利息五分的公债二十万埃巨(因为二十万的百分之五是一万)。如果这十个人只用收入的一半

---

① 指工商业者。——译者
② 指吃利息的人。——译者

（即五千埃巨）去买国家的公债，而另向私人借债十万埃巨，并以其收入的另一半（也就是五千埃巨）去交付这笔债务的利息。这样国家似乎受到一半的损失，但是从整个国家来说，它的资本仍然是二十万埃巨而无所损益；用数学的方程式来表示的话，不过是"200,000 埃巨 -100,000 埃巨 +100,000 埃巨 =200,000 埃巨"而已。

人们所以可能犯错误，是由于他们以为一张代表一个国家的债务的券就是财富的标志。因为他们想，只有一个富裕的国家才能维持这么一种券而不致使国势衰微。如果国势不衰微的话，那么国家在别方面一个拥有庞大的财富。他们说，没有什么弊病，因为有杜防这种弊病的富源；他们说，这种弊病就是一种福分，因为富源压倒了弊病。

第十八节　公债的清偿

一个国家作为债权者与作为债务者两种情形之间应维持适当的比例。一个国家可以无穷无尽地作为一个债权者，但是它只能在一定限度内作为一个债务者，如果超过了这个限度，它便将丧失作为债权者的资格。

如果一个国家的信用还没有受到损害的话，它便可以愉快地采取和欧洲某一个国家①同样的做法，就是：国家征集了极多的钱，并要求一切私人减少他们的利息，否则把所借的款项退还给他们。诚然，当一个国家需要借钱的时候，则规定利率的是私人；当一个国家能够出钱的时候，则规定利率的是国家。

---

① 英格兰。

这个国家仅仅把公债的利率减低了是不够的,它还应该用减低利息所得来的利益建立一笔准备基金,以逐年清还债务的一部分。这个做法是可喜的;它的成功是一天比一天增大的。

如果一个国家的信用并不是那样完全无缺的话,就有理由做新的努力,筹备一笔准备基金;因为这笔基金一旦建立,便将立即建立起信用。

1. 如果这个国家是共和国的话,它的政体的性质是宜于做长期性的规划的,所以这笔准备基金的数额可以不那么多。但是在君主国的场合,就必须是一笔巨款。

2. 所定规章,应该使全体国民分担建立这笔基金的责任,因为他们全体负担着建立公债的责任;国家的债权人,通过他所分担的款额,只是由自己付款给自己而已。

3. 有四种人清偿国家的债务,即(a)土地的所有者;(b)经营商业的人;(c)农民和技工;(d)从国家或私人收利坐食的人。在必要的时候,这四种人之中,似乎最应该由末后一种人出钱,因为在国家里,这一阶级的人是完全消极的,而支持国家的是其他三个阶级的积极的力量。但是,如果让末一阶级的人负担过多,则不免破坏公共信用,而公共信用是国家在一般的场合,和其他三个阶级在个别的场合,所极端需要的。如果某些公民丧失了公共信用,那就不能不使全体公民都显得丧失了公共信用。此外,这个债主阶级总是最容易受到内阁的部长们的计算,而且这个阶级就老是在他们的眼下,在他们的近旁。由于这些缘故,国家就应该给予这个阶级以特殊的保护;又应该使债务者绝对不得享有比债权者多一丝一毫优越的地位。

第十九节　有息贷款

货币是价值的标记。借用这个标记的人显然就应该支付借用金，就像他借用其他一切东西时支付租金一样。唯一的差别是：其他东西可以租借也可以购买，而货币是物品的价格，所以只可以借用而不能购买①。

把钱借给人而不取利息，确实是极敦厚的行为；但人们知道，这只能是宗教的道义，不能作为民事的法规。

为了使贸易很好地发展，就应给银钱订立一个借用价格，但是这个价格不应该太高。如果太高的话，则买卖人看到他在贸易上所可能赚到的钱，将不能弥补他在利息上所用去的钱，他就什么也不经营了。如果银钱没有借用价格的话，则谁也不愿出借银钱，而买卖人仍然是什么也不能经营了。

我说谁也不愿出借银钱，我是错了。由于社会事务的要求，将永远有人出借银钱；重利盘剥将要存在，但将与我们历代所经历的纷乱情况并存。

穆罕默德的法律把重利盘剥和有息贷款混淆了。在那些伊斯兰教的国家里，禁例越严，重利盘剥便越厉害，因为贷款人要给由于违法行为所冒的危险取得补偿。

在这些东方的国家里，大多数的人是什么都没有保证的。实际占有的钱才算是自己的钱；一旦把钱借出，则把它收回②的希望是非常渺茫的；既然所冒债务人无力偿还的危险越大，重利盘剥也就越厉害了。

---

① 这里谈的不是金银作为商品的场合。
② 甲乙本作"则再看见它"。

第二十节　海事上的重利盘剥

海事上高额的重利盘剥是建立在两种事实之上的。第一是，航海要冒风险，所以如果没有极多的好处人们是不愿把钱出借的。第二是，通过贸易，债务人很容易在很短的期间内完成极多的大事业。至于陆地上的重利盘剥，则不是以这两种理由的任何一种为基础，所以有的立法者加以禁绝，有的立法者采取较为明智的办法，把利息限制在适当限度之内。

第二十一节　罗马人的契约借贷和重利盘剥

除了商事借贷之外，还有一种通过民事契约的贷款，它的结果产生了利息或重利盘剥。

罗马时代，人民的权力逐日增多，官吏们便想方设法谄媚人民，并制定人民最喜欢的法律。他们削减了资本[54]；降低了利息；继而禁止收取利息；取消民事上的禁锢；最后，每当一个护民官要取悦于群众的时候，便使取消债务成为争论的题材。

这些没有休止的变化，无论是由于法律或是由于平民表决而产生的，自然地滋长了罗马的重利盘剥；因为债权人看到，人民是他们的债务人，同时又是他们的立法者和审判官，他们对契约便不再有任何信任了。人民就像一个没有信用的债务人，只有想法子用巨额利润去引诱债权人贷款了[55]。这尤其是因为，法律只在偶然的时候出现，而人民的控诉则是延续不断的，并且老是在威胁着债权人。这就使罗马借贷的一切诚实手段陷于绝灭，并使最可怕的重利盘剥得以存在①。这种可怕的重利盘剥,虽然不断受到袭击②,却又不断地重生。由于采取措施加以禁阻,反而滋生邪恶,极善的法律产生了极恶的结果。债务人要给所借的钱出利息,也要给债权人有受到法律惩罚的危险出钱。

第二十二节 续前

初期的罗马人没有规定重利盘剥的利率的法律③。当平民和贵族对这个问题发生争议的时候,甚至当圣山民变的时候,人们所主张的一方面是信实,另一方面是契约的尊严④。

因此,他们所遵从的是私人的契约;我想最普通的利息是年利百分之十二。我的理由是,按照罗马古代的用语,百分之六的利息称为"半利",百分之三称为"四分之一利"⑤。那么,"全利"就应该是百分之十二了。

人们也许要问,这样的一个民族,几乎没有贸易可说,为什么会有这样高的利息呢?我的回答是,这个民族常常不得不空着腰包就上战场,所以常常需要借钱;它不断进行幸运的征战,所以常常很有钱还债。这从有关这方面的争议的记述,可以清楚地看到。他们对贷款

---

① 这里,甲乙本多了一句:"西塞罗告诉我们,在他的时候,罗马贷款的利息是百分之三十四,各领地贷款的利息是百分之四十八(孟德斯鸠原注:见《致阿蒂库斯书简》第21卷)。虽用法律加以严禁,但这个邪恶仍然存在……"
② 塔西佗:《史记》第6卷第16章。
③ 罗马人的所谓重利盘剥和有息贷款二者的意义是相同的。
④ 参看狄欧尼西乌斯·哈利卡尔拿苏斯的著作;它里面有极好的记述。
⑤ "半利"、"三分之一利"、"四分之一利"。参看《罗马法汇编》和《法典,关于重利盘剥》内各项法律,尤其是《关于重利盘剥》的第17项法律及附注等等。

人的贪婪并无异议；他们却反而说，那些抱怨的债务人如果行为规矩一些的话，是能够有力还债的①。

因此他们制定了仅仅对当前情况有影响的法律。例如规定：凡登记参加国家所面临的战争的人，债权人不得追究他们的债务；被投狱者应予释放；最赤贫的人应遣送到殖民地去；有时由国库拨款。当前的苦痛既已解除，人民便感到愉快。至于将来应该怎样，人民既然没有任何要求，元老院也就不作任何未雨绸缪之计了。

当元老院坚决保卫重利盘剥的利益的时候，正是罗马人热爱贫穷、节俭和中庸的时期。但是按照当时的政制，国家的一切开支全部由显要的公民负担，平民是什么钱也不出的。那么，怎能够剥夺这些显要公民追究债务的权利②，又要求他们履行他们所负担的义务，并满足共和国急迫的需要呢？

塔西佗说，《十二铜表法》规定利率为每年百分之一③。他显然是错了；他把我下面要谈的另一种法律当做是《十二铜表法》。倘使《十二铜表法》的确有这个规定的话，为什么当债权人和债务人发生纠纷时，人们不能引用该法呢？在《十二铜表法》里，我们是找不到有息贷款的任何痕迹的；我们对罗马史虽造诣不深，但我们将看到，这样的一项法律是不可能出自十大官们之手的。

《利基尼安法》是在《十二铜表法》八十五年后制定的④。它是我们提到的那些昙花一现的法律中的一种。它规定，还本时应从本钱

---

① 参看阿庇乌斯关于这个问题的演说，载狄欧尼西乌斯哈利卡尔拿苏斯《罗马古代史》第5卷。
② 甲乙本没有"的权利"三字，所以仅仅指追究债务的行为。
③ 《史记》第6卷第16章。
④ 罗马388年。见狄特·李维：《罗马编年史》第6卷第25章。

中扣除所付的利息，其余部分则分三次平均偿还。

罗马398年，护民官杜爱利乌斯和梅涅尼乌斯制定一项法律，把利息减为年利百分之一[1]。塔西佗把它同《十二铜表法》混淆了的就是这项法律[2]。它是罗马人第一次规定利率的法律。十年后[3]，利息被减少一半[4]。末了，利息被完全取消了[5]；如果我们相信狄特·李维所读到的几位著者的记述的话，那么这件事就是发生在罗马413年，也就是在马尔蒂乌斯·路蒂利乌斯和塞尔维利乌斯执政的时代[6]。

这项法律所产生的后果和立法者走了极端的一切其他法律的后果是一样的，就是：人们找到了逃避法律的方法[7]。因此，就不能不再制定许多其他法律来巩固它、改正它、缓和它。有时候人们便离开法律去遵从习惯，有时候则离开习惯去遵从法律[8]；但是，在这种情况下，习惯应该是容易占优势的。当一个人想借钱的时候，他便发现这项法律对他是一种障碍，虽然它是为他的利益而制定的。这项法律所救助的人和它所定罪的人都同它作对了。裁判官森布罗尼乌斯·阿塞露斯准许债务人按法律行事[9]；他被债权人们杀死了[10]，因为他要人们记得

----

[1] 拉丁原文作 Unciaria Usura。见狄特·李维：《罗马编年史》第7卷第16章。
[2] 塔西佗：《史记》第6卷第16章。
[3] 据狄特·李维在《罗马编年史》第7卷第27章中说，是在曼利乌斯·托尔垮都斯和布劳蒂乌斯执政的时代。塔西佗在《史记》第6卷第16章中所说的就是这项法律。
[4] 拉丁文原文作 Semiuniciaria usura。
[5] 据塔西佗在《史记》第6卷中所说。
[6] 这项法律是由护民官格奴西乌斯提议通过的。狄特·李维：《罗马编年史》第7卷末。
[7] 甲本作"……无数逃避法律的方法"。
[8] "从古代习惯上看，已经有利息制度。"阿比安：《反米特里达特战争》第1卷。
[9] "允许他们遵照法律办理"。阿比安：《反米特里达特战争》第1卷；和狄特·李维：《补篇》第64卷。
[10] 罗马663年。

过去的严刑峻法,这种严刑峻法已不再是人们所能忍受的了①。

我现在离开城市,到各领地去略略看一下吧!②

我已经在别的地方说过,罗马各领地受到了残暴政府的蹂躏③,不只如此,它们还受到可怕的重利盘剥的摧残。

西塞罗说,沙榄密的人要在罗马借钱,但由于《伽比尼法》的关系而不得如愿以偿④。我应该研究一下,这是个什么法律。

当罗马禁止有息贷款的时候,人们便想出一切方法来逃避法律⑤。当时盟国人⑥和拉丁人不受罗马民法的管辖,所以人们便利用一个拉丁人或一个盟国人,借用他的名字,让他充作债权人。因此,法律对债权人的管辖不过徒具形式而已;人民的痛苦并没有减轻。

---

① 甲乙本多下面两段,作为本节的结尾,而且不谈各领地的重利盘剥。

在苏拉时候,瓦列利乌斯·佛拉库斯制定了一项法律,许可百分之三的年利。这项法律是罗马人关于利息的法律中最公平、最适中温和的,但巴特尔库露斯*却不赞成它。然而,如果这项法律对共和国是必需的话,如果它对一切私人是有益的话,如果它构成债务人与债主之间愉快的桥梁的话,那么这项法律就绝不是非正义的了。

"乌尔边说,债务人还得越晚,便还得越少。这就解决了利息是否合法的问题;也就是说,债权人是否可以出卖时间,债务人是否可以购买时间的问题。"

* "可耻的法律的创始者明令规定偿付债权人四分之一(quadrantem)。"见巴特尔库露斯:《世界史简篇》第7卷。有些著者把这段话解释得好像是佛拉库斯的法律曾经规定只偿付本钱四分之一。但是从我看来,恐怕并非如此。(1)拉丁著者们的语言的用法不是这样的。当他们论削减债务时,他们用 quadrans(四分之一)、triens(三分之一)这些字来谈利息,用 tertia pars(三分之一)、quarta pars(四分之一)这些字来谈本钱;(2)这样,就等于认定执政官瓦列利乌斯制定了一项法律,这项法律就是一个叛乱的护民官也几乎是不会制定的;(3)当时正在进行着火热的内战,所以问题是维持公共信用,而不是破坏公共信用;况且这次内战并不是以废除债务为目的的。(孟德斯鸠原注)

② 1758年本增加了本段及下面各段。

③ 本书第11章第19节。

④ 《致阿蒂库斯书简》第5卷第21信。

⑤ 狄特·李维:《罗马编年史》第35卷第7章。

⑥ 同上。

人民就控诉这种欺诈行为；护民官马尔库斯·森布罗尼乌斯，根据元老院的决定，让平民制定一项法律，规定：关于贷款事项，禁止罗马公民间重利盘剥的法律将同样适用于罗马公民与盟国人间或与拉丁人间的关系方面[①]。

当时所谓盟国人，指的是意大利本土各民族。意大利本土，远至阿诺河和鲁宾根河，不被作为罗马领地治理。

塔西佗说，人们总是使用新的欺诈手段来逃避每次所制定的、目的在禁止重利盘剥的法律[②]。他们既然不能再用盟国人的名义进行借贷，他们马上就找一个领地的人来，借用他的名义。

因此需要一项新的法律来杜绝这些流弊。伽比尼乌斯正在制定那禁止选举舞弊的著名法律[③]；他很自然地想到，要达到这个目的，最好的方法只有抑制借贷。这两件事在性质上是相联系着的；因为重利盘剥老是在选举的时候增长起来[④]，这是由于人们需要钱去获取选票。我们很清楚地看到，《伽比尼法》曾把马尔库斯·森布罗尼乌斯的元老院法案的适用范围扩大到领地去了；沙榄密人不能从罗马借到钱就是因为这项法律的缘故。布鲁图斯使用假名字，借给沙榄密人[⑤]银钱，月利百分之四[⑥]。为了这件事，他并且让元老院通过两条决议案，第一条宣布这次贷款不得认为是逃避法律的欺诈行为；又宣称，希里希

---

① 罗马561年。参看狄特·李维：《罗马编年史》第25卷第7章。
② 《史记》第6卷第16章。
③ 罗马615年。
④ 参看西塞罗：《致阿蒂库斯书简》第4卷第15、16信。
⑤ 西塞罗：《致阿蒂库斯书简》第6卷第1信。
⑥ 庞培借给阿利奥巴珊尼斯王六百达伦特，并让后者每三十天付给他三十希腊达伦特。西塞罗：《致阿蒂库斯书简》第5卷第21信和第6卷第1信。

亚①的总督将依照沙榄密人借贷契约所规定的条款断案②。

《伽比尼法》既禁止罗马公民和领地人民间的有息贷款,而当时整个世界的钱又都掌握在罗马人手中,因此就必须用极高的利息去引诱罗马人出借他们的钱,暴利使贪婪的眼睛看不见有失掉他们的债款的危险。此外,债主们又都是当时罗马有权势的人,他们使官吏畏惧,使法律沉默,因此他们更大胆出借银钱,勒索高利了。这样,各领地就不断遭受罗马一切有势力的人们的掠夺;而且,每一个总督进入他的领地时就颁布他的法令,随意规定借贷的利率③,贪婪便支持了立法,立法又支援了贪婪。

百业必须前进;如果什么都静止不动的话,国家就完了。城市、团体、城市的会社、私人,有时候是需要借钱的。单单为着应付军队的蹂躏、官吏的掠夺、税务人员的勒索和天天生长起来的腐败习惯,人们就真是大大需要借钱了;因为过去人们绝不是这样富裕,也不是这样贫穷。赋有行政权力的元老院,准许罗马公民出借银钱,并通过了有关的决议案。这有时是出于必要,而常常是出于偏袒。但是法律甚至损害了这些决议案的信用,因为这些决议案使人民有机会要求"新表法"[56];这将增加失去债本的危险,又增长重利盘剥④。我将永远这样说:统治人类的原则应该是中庸,而不是极端。

---

① 在小亚细亚;有人说"西西里"是错误的。——译者
② "因为对沙榄密人不要进行欺骗。"西塞罗:《致阿蒂库斯书简》第5卷第21信和第6卷第1信。
③ 西塞罗的法令规定:利率为月利百分之一,并且利上生利,直到年底。至于共和国的农人,他要求他们给予债务人一个宽缓的期限,如果债务人过期不能偿债,则按借贷契约规定的重利付息。西塞罗:《致阿蒂库斯书简》第6卷第1信。
④ 参看西塞罗:《致阿蒂库斯书简》第5卷第21信内鹿塞优斯所说的话。当时甚至有一项一般性的元老院法案,规定利率为月利百分之一。见同信。

乌尔边说，债务人还得越晚便还得越少[①][②]。在罗马共和国灭亡之后，指导着立法者们的就是这个原则[③]。

---

① 《法律》12等《关于用语的含义》。
② 甲乙本多一句："这就解决了利息是否合法的问题；也就是说，债权人是否可以出卖时间，债务人是否可以购买时间的问题。"
③ 甲乙本没有这句话。

第二十三章 法律和人口的关系

第一节 人和动物的种类繁殖

维纳斯女神啊！爱之母啊，
……………………
自从你的星儿带回来那初春绮丽的日子，
微风和畅，使人们感到了它们的爱的气息。
大地用鲜艳的色泽装饰着自己的襟怀，
室中弥漫着娇柔的百花所吐出的芬芳。
人们听到，小鸟们由于你的力量的感召，用千百种多情的歌儿来祝贺你的来临。
人们看到骄傲的雄牛，或奔腾于草原，或横渡着绿水，去追寻那美丽的牝牛。
最后，丛林和山岳，河溪和海洋，以及青翠的田野，这些地方的居民们。
在你的面前，燃烧起爱和欲的热火。欢乐的引诱使他们繁衍繁殖。

人们是如何愿意跟随你啊！如何热爱美所赐予[①]一切有气息的生物的这样柔媚的统治啊！[②][③]

动物雌性的生殖力几乎是固定的。但是人类，思维的方式、性格、感情、幻想、无常的嗜欲、保存美色的意识、生育的痛苦、家庭人口太多的负担等，却给予他们的繁衍生殖以千百种的障碍。

第二节　婚姻

父亲有养育子女的天然义务，这促成了婚姻制度的建立。婚姻宣告谁应该负担这个义务。旁波尼乌斯·梅腊所记述[④]的民族[⑤]则只是根据相貌的近似去断定谁是父亲。

在有高度文化的民族中，父亲就是法律通过婚姻的仪式宣告为负有养育子女义务的人，因为法律发现他就是法律所寻找的人[⑥]。

在动物中，通常母亲就能够履行这个义务。在人类，这个义务的辐度要宽得多了。人类的子女是有理性的，但是他们的理性却是逐渐成长的；不但要喂养他们，而且要引导他们；当他们已经能够生活的时候，他们还是不能管理自己。

不正当的结合对人种的繁衍是没有什么好处的。谁是负有养育子

---

① 一般版本作："美所握有对一切……的统治啊！"
② 爱诺译《鲁克列斯》诗的前段。
③ 这诗是英国十七世纪诗人德莱顿所作；法文译文和英文原文大意差不多，但词句颇有出入。——译者
④ 梅腊：《地志》第1章第8节。
⑤ 即伽拉曼特人。
⑥ 婚姻所要证明的就是父亲。"

女的天然义务的父亲，就没有法子确定；这个义务就落在母亲身上了，但是事情的见不得人和悔恨自责，女性所受的束缚和法律的严酷，却给她无数的障碍，使她难于克尽这个责任；而且，她往往又是缺乏生活之资的。

操娼妓生涯的妇女是不能有教育子女的便利的。教育子女的劳苦甚至是和她们的身份地位水火不相容的；而且她们又是非常腐化，所以是不能得到法律的信任的。

从这一切推断，可见贞节之风和人种的繁殖是有着自然的联系的。

第三节　子女的身份

理性规定：在有婚姻关系的场合，子女承受父亲的身份；在没有婚姻关系的场合，子女则仅仅能够和母亲有关系了[①]。

第四节　家庭

妻子嫁到夫家去，这几乎是各地的通例。台湾的习惯正相反，即丈夫进赘妻家，成为它的一个成员[②]，但这并没有什么不便之处。

这项法制，规定家庭由同一性别的人去继承，对于人类的繁殖有极大的贡献，虽然这并不是它最初的动机。家庭是一种财产；所以如果一个人有子或女，但由于他或她的性别的关系以致不能传家于永久的话，他对没有子或女能够使他的家世绵延不绝的事实将永远不能感

[①] 因为这个缘故，有奴隶的国家，子女几乎总是承袭母亲的身份。
[②] 杜亚尔德：《中华帝国志》第1卷第156页。

到满意。

姓氏使人想到有一种仿佛是不应该绝灭的东西；它最最能够激发每个家庭延长自己寿命的愿望。有的民族，姓氏使家庭显赫；有的民族，姓氏仅仅使个人显赫——这就不像前者那样美好了。

第五节　不同等级的合法妻子

有时候法律和宗教建立起不同种类的民事关系。回教徒就是如此。他们的妻子有不同的等级；她们的子女也由于他们出生在家里，或由于民事契约，有时甚至由于母亲的奴隶地位和父亲事后的认领等等，而有了区别。

如果法律以它所准许父亲做的事为理由，使子女受到羞辱的话，那是违背理性的。所以妻子所生的子女都应该有继承父亲财产的权利。其有特殊原因不许继承的，不在此限；例如在日本，〔皇帝赐给臣子的产业〕只有皇帝所赐的，妻子的子女可以继承。那里的政策的要求是：皇帝所赐的产业是不应该过分分割的，因为这些产业负有一定义务，就像欧洲古时的封地采邑一样。

有些国家[①]，一个合法的妻子在家里所享受的地位几乎和欧洲的一妻制的妻子差不多。在这些国家里，妾所生的子女就被看做是正妻的子女。中国的制度就是这样。孝敬之礼[②]和严肃的丧仪不用于生母，而是用于法定的母亲的。

[①]　甲乙本没有本节末尾两段。
[②]　杜亚尔德：《中华帝国志》第2卷第121页。

根据这个假定①②，他们就无所谓私生子了。如果没有这么一种假定，而用法律使妾的子女合法化的话，这显然是不适宜的，因为这项法律对大多数国民将是一种羞辱。在这些国家里，也没有奸生子女的问题。那里妇女受到隔离，幽闭深闺，又有太监和门闩，这种事情根本就很难发生，所以法律就认为这是不可能的事了。而且，倘使真有这种事情发生的话，同一支利剑将把母子都消灭掉。

第六节　不同政体下的私生子③

因此，许可多偶制的国家，几乎是无所谓私生子的。建立了一妻制的国家就有所谓私生子；就要贱视纳妾；也就要贱视妾所生的子女④。

共和国必须有纯洁的风俗，所以那里的私生子应该要比君主国更为可厌了。⑤

罗马所制定的排斥私生子的法规也许是过于苛刻了。但是，古代的法制使一切公民非结婚不可，此外又允许休婚或离婚，以资调节，所以只有在风俗败坏不堪的时候，才会有纳妾的事情。

应当指出，在民主国家里，公民的身份是极其重要的；它意味着

---

① "假定"（fiction），法学上较专门的术语为"拟制"。——译者
② 妻有大老婆、小老婆之分，也就是说，合法与不合法之分；但是子女就没有这种区别。杜亚尔德神父所译的一本中国关于道德的著作里说："这是帝国的重要训条。"见《中华帝国志》第140页。
③ 甲乙本的标题是："关于私生子的法律"。
④ 甲乙本没有这段。
⑤ 甲乙本作"更受耻辱了"。

111

最高的权力。所以那里所制定的关于私生子的法律常常是同私生这件事本身或婚姻的严肃性的关系少,而同共和国的特殊政制的关系多。由于这个缘故,人民有时候就接受私生子为公民[①],以增加人民的力量去反对豪绅。由于这个缘故,雅典的人民不以私生子为公民,从而减少公民的数目,以便分得较多的埃及王送给他们的麦子,由于这个缘故,亚里士多德告诉我们,有一些城市,公民数额不足的时候,私生子可以做继承人;在公民足额的时候,就不能这样办[②]。

第七节 父亲对于婚姻的许可

父亲的许可是以父亲的权力为根据的,也就是说,以父亲的所有权为根据。父亲的许可还有其他根据,就是:父亲的爱、父亲的理性和子女的理性的模糊。——年轻使子女蒙昧无知;情欲使子女心醉神迷。

在小共和国里或是在我们所说过的、有奇特制度的地方,就可能有法律规定由官吏对公民子女的婚姻进行监督,虽然大自然已经把这种监督交托给了父亲。在这些地方,对公共福利的爱可能等同或超越一切其他的爱。因此柏拉图要官吏管理婚姻。拉栖代孟的官吏就指导了婚姻。

但是在通常的制度之下,给子女主婚的是父亲;在这件事上,没有一个人能比父亲更为智虑明达了。大自然使父亲极希望子女再生育子女,而这几乎不是为他自己的欢乐。各代的子子孙孙,看到自己就

---

① 参看亚里士多德:《政治学》第6卷第4章。
② 同上书,第3卷第3章。

在不知不觉间面向未来迈进。但是，如果迫害和贪婪竟发展到篡夺父亲的威权，那就将变成怎样呢？让我们听一听多马·盖支关于西班牙人在西印度的行为的记述吧[①]！

"为着要增加纳税人的数额，就必须使所有十五岁的印第安人都结婚；他们甚至于规定印第安人的结婚年龄为男十四岁、女十三岁，他们用一条教规作根据。这条教规说，心机的精巧[57]补偿年龄的不足。"[②]

盖支看到了一次户口的清查。他说，"真是一件可耻的事"。这样，在一个人最最应该有自由的行为上，印第安人却仍然受到奴役。

第八节 续前

英国的女子常常滥用法律，不征询父亲的意见，而根据自己的幻想结婚。我想，没有别的地方更能容许这个习惯了，因为英国的法律没有建立起寺院的独身生活制度，所以女子除了由结婚取得的身份地位之外，再没有其他身份地位可以选择，因而她们不能不结婚。法国的情形正相反；那里已经建立修道制度，女子都有过独身生活的便利；

[①] 多马·盖支：《西印度群岛新近踏查记》第171页。
[②] 这句话的意思是：印第安人结婚年龄规定得虽低，但是因为他们成熟早，知识也早开，所以可以补偿年龄的不足。这里所引盖支的话，因摘译法过于简略，致意义不甚明了。现在将其他版本所比较详明的英文及拉丁原文迻译于下以资参照。"当子女已经可以结婚的时候，就按照他们的人数提高并增多父亲的赋税，一直到父亲给他们成婚为止。但是子女一旦结婚，他们要立即缴纳赋税。为着增加赋税，十五岁以上的人就不许不结婚而生活了。不仅如此，他们给印第安人规定的结婚年龄是男十四岁、女十三岁；他们硬说印第安人在结婚生育方面、在智识和心机的精巧方面、在工作与服役的力量方面，都比其他民族成熟得早。不仅如此，他们有时候甚至强迫刚刚十二三岁的人结婚，如果他们看见这些人四肢发达，身体强壮的话；他们并且拿一条教规来做解释，说教规准许十四五岁的人结婚，没有其他理由，只是因为心机的精巧补偿年龄的不足。"（多马·盖支：《西印度群岛新近踏查记》第3版第345页）——译者

113

在那里规定婚姻应该遵从父命的法律要比较合适一些。根据这个见解，意大利和西班牙的习惯就不很合理了，因为那里已经建立修道制度，人们又可以不得父亲的许可而结婚[58]。

第九节　少女

只有婚姻能够给少女们带来快乐与自由。少女们有脑不敢思想，有心不敢用情，有眼睛不敢看，有耳朵不敢听；她们只能显出愚蠢笨拙的样子；她们不断地受到琐事的苦楚和箴规的谴责。所以她们是十分愿意结婚的。需要经过鼓励才结婚的，是男孩子们。

第十节　什么决定婚姻

当一男一女找到了任何地方可以便利地生活在一起的时候，他们就结婚。如果没有生计困难的阻挠的话，人们是极自然地要结婚的。

当一个民族正在生长的时候，它滋生繁衍，人口日繁。那里独身生活是极不方便的；子女多倒没有什么不方便。到了国家形成之后，情形就正相反。

第十一节　政府的暴虐

一贫如洗的人，例如乞丐，却有许多子女。这就是因为这些人处于一个民族正在生长的时代。父亲并不需要任何成本就可以把自己的艺术[59]传给他的子女，这些子女甚至在幼年时代就已经是他的这种艺术的工具了。这种人在一个富裕或迷信的国家里是生齿日繁的,因为他们对社会不负担什么责任,而自己却是社会的负担。但是有些人仅仅是因为处在暴虐政府之下才贫穷的;暴虐的政府不把他们的田园看做是他们生活的基地,而把它当做进行扰害的借口。我要指出,这些穷人生育的子女是不多的。他们自己就没有粮食,怎能想到分给别人呢?他们有病都不能照顾自己,怎能去培养一些孩提时代就不断在疾病中过日子的子女呢?

有些人嘴里虽然说得很容易,但缺乏研究的能力。因此他们说,国民越贫穷,家族便越繁盛;又说,赋税越重,人们便越勤奋,使自己有力量缴纳赋税。这两种谬说曾经毁灭过君主国,并将永远使君主国归于毁灭。

政府的暴虐可以发展到使天然的情感破坏天然的情感本身。美洲的妇女不是曾经堕胎,以免自己的子女也遭遇到她们自己所遭遇到的那样残酷的主人么?[1]

第十二节 不同国家男女孩子的人数

我已经注意到,欧洲生男孩比生女孩多些[2]。人们曾指出,日本生女孩比生男孩多些[3]。从一切情况比较说来,日本富于生产力的妇女比欧洲多,所以人烟也较为稠密。

---

[1] 多马·盖支:《西印度群岛新近踏查记》第58页。
[2] 同上书,第16章第4节。
[3] 参看康波弗尔:《日本史》中关于美阿果(京都)户口调查的记述。

据旅行家们记载，在班谭，女孩和男孩的比例是 10:1[①]。这实在太不匀称了。按照这种情况，则那里家庭的数目和其他地区家庭的数目的比例将为 1:5$\frac{1}{2}$[②]。实际上，那里一个家庭的人口还要多些[③]，但是很少人有充分条件来维持这么大的一个家庭。

第十三节　滨海港口

滨海港口的男人，常常身历万险，远涉天涯海角和穷乡僻壤，生死是无定的；所以在那里，女子多于男子。但是那里的儿童，却比什么地方都要多。这是因为生活容易的缘故。这也许又因为鱼类机体中油质的部分是较好的、促进生殖的物质。日本[④]和中国[⑤]人口繁密，不可胜数，其原因之一，恐怕就在此。在这两个国家里，人们几乎只是吃鱼过日子[⑥]。假使情形确是如此，那么〔西方〕强制修士以鱼为食的那些寺院法规，应该说是违背立法者的本意了。

第十四节　土地生产所需人力的多寡

游牧地区，人烟稀少，因为那里只有很少的人有事情做；麦田需

---

① 《创建东印度公司历次航行辑览》第1卷第347页。
② 班谭11人，女10男1，1男娶10女，得户数1，欧洲11人，男6女5，1男娶1女；得户数5$\frac{1}{2}$。——译者
③ 指班谭一夫十妻再加上子女。——译者
④ 日本是由岛屿所形成的，不是海岸就是河边，那里的海又满都是鱼。
⑤ 中国的河川溪涧，到处都是。
⑥ 杜亚尔德：《中华帝国志》第2卷第139、142等页。

要较多的人工作；葡萄园需要的人更是多得多了。

在英国，人们常常抱怨说，牧场增加使人口减少①。在法国，人们则说，葡萄园不可胜数是人烟稠密的主要原因之一。

一个有煤矿供给充分燃料的国家，比别的国家优胜之处是，它不需要树林，一切土地都可以耕种。

生产稻米的地区，灌溉、保水需要极大的劳动；因此要有许多人工作。不但如此，那里比耕种其他谷物的地方，需要较少的土地来维持一个家庭的生活。末了一点：在别的地方用来喂养牲畜的土地，在那里却直接用来维持人的生活；在别的地方由牲畜去做的活，在那里则由人来做；土地的耕种对于人来说好像是一个大工厂。

第十五节　人口与工艺[60]的关系

如果一个国家有土地均分法，并实行均田的话，那么虽然没有什么工艺，人口也是会很多的，因为每个公民从所耕种的土地就能获得所需要的一切食物，全体公民就共同消费土地的全部产品。古代的②一些共和国就是这样。

但是在我们今天的情况下，各国土地的分配是不均的③；土地的出产是多于耕种者的消费量的；如果忽略工艺，并仅仅重视农业的话，

---

① 贝尔内说，大多数的土地所有人发现出售羊毛比出售麦谷的利润高，所以把他们的田地封闭了。老百姓就要饿死了；他们揭竿起义，要求制定土地均分法；年青的国王甚至写他关于这个问题的意见。他们发表宣言，反对曾经封闭田地的那些人。见《宗教改革史纲要》第44、88页。
② 甲本没有"古代的"三字。
③ 甲乙本作"分配是十分不均的"。

国家的人口就不会多。自己耕种或雇人耕种的人,既然有剩余的产品,下一年就无事可做了。懒惰的人不能完全消费掉这些产品,因为他们没有什么可以去购买的。因此就应建立工艺,土地的出产就可由农人和工艺人去消费。总而言之,今天的国家需要许多人进行超过需要的耕种。要达到这个目的,就应该让人们有一种从额余生产获得享受的愿望。只有工艺人能够满足人们的这种欲望。

机器的目的是简化技术;它们并非老是有益处的。如果一件东西价格并不高,对买主和制作工人双方都感到适宜,而机器却把制作程序简化了,这就等于削减工人的数目,所以是有害的。要不是实际上到处都已设置了水磨的话,我不会相信它们是像人们所说的那样有益的,因为它们已经使无数的人失业,夺去了许多人对水源的使用,并使许多土地失掉了生产力[61]。

第十六节　从立法者的角度看人口的繁殖问题

关于一国人口的法规,主要应视情况而定。有些国家,大自然已经什么都给做好了,立法者就无事可做。气候已生养足额的人丁,还需要用法律去促使生齿繁滋么?有时候,气候比土壤还有利于繁殖;人民繁衍了,而饥馑摧毁了他们;中国的情况就是这样。因此,那里的父亲出卖女儿,遗弃婴孩。在东京[①],同样的原因产生了同样的结果[②];我们不必像烈诺多记载的那些阿拉伯旅行家们那样寻本探源,

---

① 指越南上圻。——译者
② 唐比埃:《周游世界记》第2卷第41页。

认为这种情况的发生是因为那里的人信仰轮回之说的缘故①。

由于同样的理由,台湾岛的宗教不许妇女在三十五岁以前生育子女②。在这个年龄以前,由巫婆给她们压腹堕胎。

第十七节 希腊和它的人口

东方某些国家人口的情况是由于物理的原因,而希腊则原因于政体的性质。希腊人是一个伟大的民族,它由城市所组成,各城市有自己的政府和法律。它们的雄略尚武并不超过今天瑞士、荷兰和日耳曼的城市。每个共和国的立法者所追求的目标是,内使公民幸福,外使国力显扬,不亚于邻国③。由于疆域不大,又幸福无比,国民人数易于增长,因而成为国家的负担。所以他们不断地向外殖民④;他们被他国雇佣,当兵作战,像今天的瑞士人一样。一切能够阻抑生育子女过多的手段都从未被忽略过。

希腊有一些共和国的政制是奇特的。它们强迫被征服的民族供给它们的国民的生活。拉栖代孟人就是由伊洛底人、克里特人由珀里埃人、帖萨利亚人由珀内斯特人供养的。自由人的数目只能是很少的,这样,奴隶才供给得起他们的生活。今天我们主张限制常备军的数额;而拉栖代孟就等于一支由农民养活的军队;因此就应该限制这支军队的人数。不然的话,享受社会一切便宜的自由人,数目必将无限地增加,

---

① 唐比埃:《周游世界记》第 2 卷第 167 页。
② 参看《创建东印度公司历次航行辑览》第 5 卷第 1 篇第 182、188 页。
③ 在勇敢、纪律和军事训练方面。
④ 高卢人情况相同,做法也相同。

而农民将受到重压。

因此，希腊人的施政特别注重规定公民的数额。柏拉图把一国公民的数额规定为五千零四十人①。他要人们按照需要，通过给人荣耀或羞辱、通过老人的告诫等方法，增加或减少生育。他甚至要人们规定婚姻的数目，使人民新陈代谢，添补新成员，而共和国又能免除过重的负担②。

亚里士多德说，如果国法禁止弃婴，就应该限制每人所生子女的数目③。如果一个人的子女超过了法律所规定的数目，他建议在胎儿获得生命之前④62就给妇女堕胎。

亚里士多德谈到了63克里特人为防止子女过多所采取的可耻手段；当我想谈起这事时，我感到我的廉耻之心受到震惊。

亚里士多德又说，有些地方的法律规定外国人或私生子或仅仅母方为本国公民的人为公民⑤；但是当人口已经足够的时候，就不再这样做了⑥。加拿大的野蛮人烧死俘虏；但是如果有空屋子可以给他们居住的时候，就承认他们是本族的人。

贝蒂爵士根据自己的计算，认为在英国一个人所值的价格和阿尔及尔卖一个人的价格相同⑦。这只有在英国才有可能真正是如此，因为有些国家，人的价值等于零；有些国家，连零也值不上。

---

① 《法律》第5卷。
② 《共和国》第5卷。
③ 《政治学》第7卷第16章。
④ 同上书。
⑤ 甲本作"有些地方的法律规定私生子为公民；但是……"。
⑥ 《政治学》第3卷第5章。
⑦ 六十英镑。

第十八节　罗马兴起以前各地人民的情况

意大利、西西里、小亚细亚、西班牙、高卢、日耳曼，就差不多同希腊的情况一样，都是一些小民族，人烟至为稠密。它们不需要繁殖人口的法律。

第十九节　世界人口的减退

所有这些小共和国都被一个大国吞噬了；人们看到，世界的人口在不知不觉间减少了。只要看看罗马胜利前后的意大利和希腊就够了。

狄特·李维说："人们将问我，窝尔西人在吃了那么多败仗之后，从哪里找到供应战争的兵源呢？这些地区，一定是人丁极为繁盛的；但是今天，要不是住了那几个罗马士兵和那几个罗马奴隶，将只是一片荒漠了。"①

普卢塔克说："神谕已经停止了，因为宣布神谕的地方已经被毁坏了；今天希腊几乎找不到三千名战士。"②

斯特拉波说："我将不描述伊庇鲁斯及其邻近地区，因为这些地方已完全成为僻地荒野了。这种人口的减退，早已开始，现在还天天在继续着；以致罗马的军队竟能在人们遗弃的住宅设置营垒。"③ 斯特拉波在波利比乌斯的著述里找到了这种情况发生的原因。波利比乌斯说，保罗·爱米利乌斯在胜利之后，毁坏了伊庇鲁斯七十个城市，

---

① 《罗马编年史》第6卷第12章。
② 《道德著述。关于神谕的停止》。
③ 《地志》第7卷第496页。

并带走了十五万名奴隶。

第二十节　罗马人需要制定繁殖人口的法律

罗马人摧毁了一切民族，也摧毁了自己。罗马人长年劳兵苦战，致力于雄图伟略，又肆逞暴虐，终于力量衰竭，好像一件武器由于不断使用而损耗一样。

他们注意按照公民缺损的情况增补公民①，建立会社，给予人们以市民的权利，并以庞大的奴隶群作为公民生长的苗床。——所有这些，我*这里都不谈了。我所要谈的不是他们增补公民缺损，而是增补兵员缺损②的措施。罗马人是世界上最懂得使法律为自己的意图服务的民族，所以研究他们在这问题上的措施，并非无关痛痒的事。

第二十一节　罗马人繁殖人口的法律

罗马古代的法律殚精竭虑地诱导公民结婚。元老院和人民时常制定有关这问题的规章；在狄欧的著作所载奥古斯都的演说里就谈到这点③。

狄欧尼西乌斯·哈利卡尔拿苏斯不能相信，在维埃人把三百零五个发比人消灭后，发比族就只剩了一个小孩子④；因为规定每个公民

---

① 这点我*已在《罗马盛衰原因论》里加以论述。
　* 甲乙本作"一个近代著者"，不用"我"字。
② 甲乙本没有"缺损"二字。
③ 《罗马史》第56卷。
④ 《罗马古代史》第2卷。

应结婚并养育所有子女的古法，当时[1]仍然有效。

在法律之外，监察官对婚姻进行监督；并按照共和国的需要，通过羞辱与刑罚的手段，使人们结婚[2]。

风俗开始败坏了；这是公民讨厌结婚的主要原因。对那些对纯洁无瑕的欢乐已不感兴趣的人们，婚姻只是一种痛苦而已。梅蒂露斯·努米狄库斯在当监察官任内向人民所作的那篇演说[3]就表现了这种风气。他说："如果我们可以不娶妻的话，我们就可以免受这种痛苦；但是，大自然既已规定，我们不能够和她们快乐地生活在一起，而又不能够没有她们而生存下去，那么我们就应当多多注重保种，少关心些暂时的快乐。"

监察制度的建立原来为了防止风俗的败坏，但是风俗的败坏却消灭了监察制度；因为当风俗已经普遍腐烂的时候，监察制度也就无能为力了[4]。

国内的不和、三头的执政、公敌的宣告[5]等使罗马所受到的削弱，超过历来罗马所进行的任何一次战争。所剩的公民已经不多了[6]，而且大半都没有结婚。为补救这个缺陷，恺撒和奥古斯都重建了监察制度，甚至自己要当监察官[7]。他们制定了种种法规。恺撒奖赏子女多

---

[1] 罗马277年。
[2] 关于监察官在这问题上的做法，参看狄特·李维：《罗马编年史》第45卷；狄特，李维：《补篇》第59卷；奥露斯·格利乌斯：《阿的喀夜话》第1卷第6章；瓦列利乌斯·马克西穆斯：《著名作家言行录》第2卷第9章。
[3] 演说载奥露斯·格利乌斯：《阿的喀夜话》第1卷第6章。
[4] 参看我在本书第5章第19节所说的。
[5] 即宣告某人为公敌，处以死刑，并没收其财产。——译者
[6] 恺撒在内战之后作了人口调查，发现只有户主十五万人。佛洛露斯：《历史概要》论狄特，李维的《罗马编年史：第十二代史》。
[7] 参看狄欧：《罗马史》第43卷和希费林：《奥古斯都》。

的人[1]；他禁止四十五岁以下无丈夫无子女的妇女悬挂宝石和乘坐轿舆[2]。这是利用虚荣心打击独身者最妙不过的办法。奥古斯都的法律更加激烈了[3]。他对不结婚的人处以新的刑罚，并增加给结婚和有子女的人的奖赏[4]。塔西佗称这些法律为《茹利安法》[5][6]。它显然是总汇了古时元老院、人民和监察官们所制定的法规。

奥古斯都的法律遇到了重重障碍；在制定后三十四年[7]，罗马的骑士们要求废弃该法。他把结婚和不结婚的人分开，不结婚的人占居大多数；这使国民感到震惊，愕然不知所措。奥古斯都以古时监察官们的严厉语气，告诉国民说：

"疾病和战役夺去了我们这么多公民，如果人们不再结婚的话，这个城市将变成什么样子呢？城市并不是由房屋、廊庑和公共场所，而是由居民所组成的。你们将看不到神话里的那种人，从地下钻出来，给你们管理事务。你们独身，并不是为着过孤独的生活，因为你们每一个人都有伴侣，陪你们吃饭，陪你们睡觉；你们只是企求安逸地过着放荡的生活。在这里，你们是不是要引维丝塔的童贞女[8]作为范例呢？那么，如果你们不遵守贞节的法律的话，你们也应和她们一样，受到惩罚。不论是谁都学习你们的榜样，或是谁都不向你们学习，你

---

[1] 狄欧：《罗马史》第43卷第25章；苏埃多尼乌斯：《尤利乌斯·恺撒》第20章；阿庇安：《内战》第2卷。
[2] 尤塞比乌斯：《编年史》。
[3] 狄欧：《罗马史》第54卷第16章。
[4] 罗马736年。
[5] 《茹利安法案》载塔西佗：《史记》第3卷第25章。
[6] "茹利安"是恺撒、奥古斯都等的一个家族所用名字"茹利亚"的转音。——译者
[7] 罗马762年。狄欧：《罗马史》第56卷第1章。
[8] 罗马神话里祭维丝塔女灶神时看守祭坛上不灭圣火的处女。——译者

们都同样不是好公民。我唯一的目的,就是共和国的永世绵延。我增加了对那些不服从的人们的惩罚。至于所给奖赏,我不知道任何品德曾经接受过比这些还多的奖赏。比这些还少的奖赏已足使上千的人舍弃他们的性命;而这些奖赏竟不能使你们娶妻育子么?"①

他制定了一项法律。人们称它为《茹利安-巴比恩-博白恩法》。这是用他的名字茹利亚和那年曾任几个月执政官的巴比亚和博白亚二人②的名字命名的。上述积弊甚至出现在这些人当选的时候。狄欧告诉我们,这时他们这三个人也都没有结婚,都没有子女③。

奥古斯都的这项法律是一个真正的法典;它把关于这方面一切可能制定的法规都汇集在一起,成为一个有系统的整体。各项《茹利安法》被重新编入到里头去④,获得了更大的力量;它们的范围很广泛,影响所及的事物又很多,因此成为罗马民法最优美的部分。

这些法律的零星片断⑤就散见于:(1)乌尔边的那些宝贵的《断篇》;(2)《罗马法汇篇》里的法律(这些法律是从各家论《巴比恩法》的著述里辑出的);(3)引用这些法律的史家或其他著者的著作;(4)废除这些法律的《提奥多西乌斯法典》;(6)谴责这些法律的神父们的著作等中间。这些神父的指责固然出于对来世事物的可嘉的热诚,但也出于对今生俗务的茫然无知。

这些法律有好些项目,我们知道的有三十五项⑥。但是为着尽量

---

① 这个演讲本来是很冗长的,载狄欧:《罗马史》第56卷。这里,我把它缩短了。
② 也就是马尔库斯·巴比乌斯,穆蒂露斯和博白乌斯·萨比奴斯。见狄欧:《罗马史》第56卷。
③ 狄欧:《罗马史》第56卷。
④ 乌尔边的《断篇》第14篇把《茹利安法》和《巴比恩法》极严格地分开。
⑤ 詹姆斯·歌德佛雷曾辑有专篇。
⑥ 《法律》19等《关于婚姻的仪式》内引第35项法。

直截了当地谈我的题目，我将由奥露斯·格列乌斯所说的第7项、也就是该法中规定给予荣誉和奖赏的那一项谈起①。

大多数罗马人来自曾经是拉栖代孟殖民地的拉丁城市②。他们的一部分法律甚至是从这些城市学来的③。他们也和拉栖代孟人一样，尊敬老人，给予他们以一切光荣和优先待遇。当共和国缺少公民的时候，它就把从前给予老人们的特权给予结婚和有子女的人④；有一些特权是专属于结婚的，和生育子女没有关系；这些特权称为夫权。有子女的人则给予另一些特权。生了三个子女的人，则给予更大的特权。这三种情况是不应当混淆的。这些特权中，有一些是结婚的人经常享有的，例如，在戏院里有一个特殊的座位⑤；还有一些特权只是有子女的人才能享受，而且，只有子女更多的人才能比他们优先享受这些特权。

这些特权的范围是很广的。不论在追求光荣方面，或在享受光荣方面，结了婚而且子女多的人总是得到优先待遇⑥。子女最多的执政官可以最先接受棒斧⑦⑧，可以选择领地⑨；子女最多的元老的名字则放在元老名录中的最前列；他并且可以在元老院中最先发言⑩。有子

---

① 《阿的喀夜话》第2卷第15章。
② 狄欧尼西乌斯·哈利卡尔拿苏斯的著作。
③ 奉派去寻觅希腊法律的罗马代表们曾到过雅典和意大利各城市。
④ 奥露斯·格列乌斯：《阿的喀夜话》第2卷第15章。
⑤ 苏埃多尼乌斯：《奥古斯多》第44章。
⑥ 塔西佗：《史记》第2卷第151章中有："以便使子女的增补数目超过法律所要求的数目。"
⑦ 奥露斯·格列乌斯：《阿的喀夜话》第2卷第15章。
⑧ "棒斧"是用棒捆扎成束，一端露出斧头，在古罗马是权力的象征；或译作"权标""仪仗钺"。——译者
⑨ 塔西佗：《史记》第15卷第19章。
⑩ 参看《法律》6第5节等《关于十人队长》。

女的人可以提早接受官职，因为有一个孩子就可以提早一年[1]。如果有三个孩子在罗马，就可免除一切个人的义务[2]。生而自由的妇女有了三个子女，脱离奴籍的妇女有了四个子女，就可免受终身的监护[3]——这是罗马古代法律所给妇女们的束缚[4]。

既有奖赏，也就有惩罚[5]。没有结婚的人不得从没有亲属关系的人的遗嘱那里接受任何利益[6]。结了婚而没有子女的人，只可接受一半[7]。普卢塔克说，罗马人结婚为的是要当继承人，而不是要生继承人[8]。

夫妇之间通过遗嘱给予对方的利益，在法律上是有限制的。如果他们生有子女的话，一方是可以把财产的全部遗给对方的[9]。如果没有子女的话，一方可根据婚姻关系继承对方财产的十分之一。如果他们的子女是另一婚姻关系所遗留的子女的话[10]，则一方继承对方财产的比例是：有多少个子女就继承多少份"对方财产的十分之一"。

一个丈夫如果不是由于国务的原因而离开妻子的话；不得做妻子的继承人[11]。

---

[1] 参看《法律》2等《关于少年》。
[2] 《法律》1第3节和《法律》2等《关于义务的豁免和解除》。
[3] 乌尔边：《断篇》第29篇第3节。
[4] 普卢塔克：《努玛的生平》。
[5] 参看乌尔边：《断篇》第14—18篇。这是罗马古法中最美丽的一些片断。
[6] 《梭佐末奴斯著作集》第1卷第9章。有亲属关系时就可接受；乌尔边：《断篇》第16篇第1节。
[7] 《梭佐末奴斯著作集》第1卷节9章和《单一法》，载《提奥多西乌斯法典》内《关于软弱的人和对独身及鳏寡的惩罚》。
[8] 《道德著述：论父爱》。
[9] 参看乌尔边：《断篇》第15—16篇关于这点更详尽的记述。
[10] 例如异母的子女。——译者
[11] 乌尔边：《断篇》第16篇第1节。

法律给予鳏夫和寡妇两年的期限，给予离婚的人一年半的期限[1]，重新结婚。如果父亲不愿给子女成婚或不愿给女儿嫁资的话，将由法律强制执行[2]。

如果两个人要两年以后才能够结婚的话，就不得订婚[3]。女子要十二岁才可以结婚，所以只能到十岁才可以订婚。法律不愿意人们白白地享受[4]并借订婚的名义享受结婚的人的权利。

法律禁止六十岁的男人同五十岁的妇女结婚[5]。法律既然已把很大的特权给予结婚的人，它当然不愿意有无用的婚姻。根据同一理由，《喀尔维先元老院法案》宣布，五十岁以上的妇女和六十岁以下的男人结婚是不适宜的[6]；因此，一个五十岁的妇女就不可能结婚而不受到这些法律的惩罚。提贝留斯使《巴比恩法》更加严厉了[7]；它禁止六十岁的男人和五十岁以下的妇女结婚；因此，一个六十岁的男人，不论在哪一种情形下，是不可能结婚而不受到刑罚的；但是格老狄乌斯废除了提贝留斯时代所制定的这方面的法律[8]。

所有这些法律比较适宜于意大利的气候，不适宜于北方的气候；在北方，一个六十岁的男人精力仍然相当充沛，一个五十岁的妇女一

---

[1] 乌尔边：《断篇》第14篇。初期的《茹利安法》似乎给了三年的期限。奥古斯都的演讲，载狄欧：《罗马史》第56卷；苏埃多尼乌斯：《奥古斯都》第34章。其他的《茹利安法》只给予一年期限；末了，《巴比恩法》给予两年期限。乌尔边：《断篇》第14篇。这些法律并不是人民所欣然赞同的；所以奥古斯都就依照人民愿否顺从的程度，作了或宽或猛的调节。
[2] 这是《巴比恩法》第35项，载《法律》19 等《关于婚姻的仪式》。
[3] 参看狄欧：《罗马史》第64卷，736年；苏埃多尼乌斯：《屋大维》第31章。
[4] 参看狄欧：《罗马史》第64卷；和奥古斯都的演讲，载同书第53卷。
[5] 乌尔边：《断篇》第16篇；载《法律》27《关于婚姻的法典》。
[6] 乌尔边：《断篇》第16篇第3节。
[7] 参看苏埃多尼乌斯：《格老狄乌斯》第2章。
[8] 参看苏埃多尼乌斯：《格老狄乌斯》第23章；和乌尔边：《断篇》第16篇第3节。

般还会怀孕。

为了使人们择偶不受到无意义的限制，奥古斯都准许一切非元老的自由民①同脱离奴籍的妇女结婚②。《巴比恩法》禁止元老和脱离奴籍的妇女或优伶结婚③；从乌尔边的时候起，就禁止自由民和生活放浪，或出台演戏，或经过公审判罪的妇女结婚④。这应该是有过一些元老院法案作了规定的。到了共和国时代就几乎不再制定这类法律了，因为在这方面监察官们消弭了已发生的纷乱，又防止了纷乱的发生。

君士坦丁制定了一项法律，规定不但元老们，即连在国家中有相当地位的人，也都要受《巴比恩法》的禁例的拘束⑤；至于身份低微的人，则未提及。这就是当时的法律。因此，除了君士坦丁的法律所规定的那些自由民之外，这类婚姻对其他的人已不禁止了。查士丁尼又把君士坦丁的法律废除了⑥，并准许各种类的人缔结上述婚姻。因此，就产生了一种极为可悲的自由。

对违反法律禁例而结婚的人所处的刑罚和对不结婚的人所处的刑罚，显然是相同的。这类违禁的婚姻不能得到任何民事上的利益⑦，因为嫁资⑧在妻死后就被没收⑨。

奥古斯都把被这些法律宣告为"无能力"的人们的遗产和遗赠物

---

① 狄欧：《罗马史》第54卷；乌尔边：《断篇》第13篇。
② 奥古斯都的演讲，载狄欧：《罗马史》第56卷。
③ 乌尔边：《断篇》第13篇；又《法律》44等《关于婚姻的仪式》结尾。
④ 参看乌尔边：《断篇》第13—14篇。
⑤ 参看《法律》1《关于自由民的法典》。
⑥ 《新法》117。
⑦ 《法律》37第7节等《关于自由的工作》；乌尔边：《断篇》第16篇第2节。
⑧ 《断篇》同上。
⑨ 参看本书第26章第13节。

判归国库[①]。显然，这些法律与其说是政治性与民事性的法规，毋宁说是财政性的法规。沉重的负担已使人们感到厌恶，贪得无厌的国库又不断地勒索榨取，这更增加了人们的厌恶。由于这个缘故，到了提贝留斯的时候就不得不变更这些法律[②]；尼禄就不能不减少国库拨给告发者们的奖赏[③]；图拉真就不能不停止他们的掠夺[④]；塞维路斯就不能不变更这些法律[⑤]；法学家就不能不认为它们是令人憎恨的法律，并在他们的裁判里去掉了它们的严酷性。

不但如此，皇帝们把特权给予有"夫"权、"子女"权和"三子女"权的人，这样来削弱这些法律[⑥]的力量[⑦]。他们更进一步宽免特殊的个人，使不受这些法律的刑罚[⑧]。但是，为公共利益而设立的规章好像是不能容许宽免的。

把有子女的人所享受的特权给予维丝塔的童贞女[⑨]，是合理的，因为宗教要求这些童贞女保持必要的处女的贞洁；把丈夫的特权给予士兵[⑩]，也是合理的，因为士兵不得结婚。习惯上，帝王得免去某些

---

① 除了某些例外。参看乌尔边：《断篇》第18篇，《单一法》的《关于取消未入籍外国人遗产充公法》。
② "关于《巴比恩－博白恩法》的变更。"见塔西佗：《史记》第3卷第25章。
③ 减少为四分之一。苏埃多尼乌斯：《尼禄》第10章。
④ 参看普利因：《巴内基利乌斯》。
⑤ 塞维路斯推迟了《巴比恩法》所规定的结婚年龄，规定为男二十五岁，女二十岁。这点，只要把乌尔边：《断篇》第16篇和德笃利安：《辩诉》第4章做了个比较，就可看出。
⑥ 指限制婚姻的法律。——译者
⑦ 监察官贝·斯基比欧在向人民作关于风俗的演说时，抱怨已经有弊端发生，说养子竟和私生子享受同样的特权。奥露斯·格利乌斯：《阿的喀夜话》第5卷第19章。
⑧ 见《法律》31等《关于婚姻的仪式》。
⑨ 在《巴比恩法》里，奥古斯都把母亲的特权给予这些童贞女。参看狄欧：《罗马史》第56卷。努玛曾把旧时有三个子女的母亲的特权给予她们，即不受监护。普卢塔克：《努玛的生平》。
⑩ 这是格老狄乌斯给予他们的。狄欧：《罗马史》第60卷。

民事法规的拘束。因此,奥古斯都不受两项法律的拘束,即限制释放奴隶的权利的法律①和限制立遗产的权利的法律②。所有这些,仅仅是特殊的例外。但是后来,各种宽免便成为漫无限制的了;因此,原则反而成为例外了。

哲学的某些宗派已经把脱离俗务的风气输入帝国里来。这种风气是不可能在共和国时代流行的③,因为在那时代每一个人都埋头于战争与和平的工艺。这种风气产生了一种追求"至善境域"的思想,这种思想是同一切达到"思辨的生活"的东西相联系着的;这种风气使人们疏远家庭,脱离它的羁绊和烦扰。基督教在这种哲学之后输入;它就仿佛把仅仅由这种哲学所准备了的思想固定起来。

基督教把它的性格赋予法学,因为帝国和教职总是结连在一起的。试看《提奥多西乌斯法典》吧!它不过是信奉基督教的皇帝们的法令的汇编而已[64]。

一个君士坦丁颂词的作者曾经告诉这个皇帝说:"陛下所制定的法律,无非是为着消弭邪恶和整饬风纪而已。古法的诡计已为陛下所摈弃;古法除了设置圈套陷害天真质朴的人而外,似乎没有其他目的。"④

君士坦丁的进行变革一定是出于与基督教的建立有关系的思想或是出于基督教的"至善境域"所孕育出来的思想。从第一种思想产生了那些赋予主教们以权威的法律;这些法律成为教会管辖权的基础。

---

① 《法律》《在家庭》等,《关于释放奴隶》第1节。
② 狄欧:《罗马史》第56卷。
③ 参看西塞罗:《官职》第1卷对于"思辨风气"的意见。
④ 那萨利乌斯:《君士坦丁颂》,321年。

从此，产生了削弱父权的法律①，剥夺了父亲把子女当做自己的财产的那种所有权。为了传播一种新的宗教，就必须消灭子女的极端依赖性②。子女对已经建立的旧事物，总是比较不那样依恋不舍的。

以达到基督教的至善境域为目的而制定的法律，主要是那些废除《巴比恩法》的刑罚③，并使没有结婚和结婚而没有子女的人们不受该法拘束的法律。

一个教会的史家说："制定这些法律，就仿佛是，只要我们苦心操劳，就能够使人种繁殖；而看不见人口的增减是遵照上帝的命令的。"④

宗教的教义曾经对人种的繁衍产生极大的影响；在鼓励增殖方面是如此，在抑制生殖方面也是如此。例如，犹太人、回民、格伯尔人、中国人等的繁殖就受到了宗教的鼓励。罗马人信奉基督教后，他们的生殖则受到宗教的抑制。

他们不断地在各处宣传禁欲，也就是说，宣传一种更完善的品德，因为这种品德在本质上加以奉行的人很少。

君士坦丁没有取消那些"十进的"法律，——就是那些准许夫妇按照子女数目的比例以较多遗产授给对方的法律。小提奥多西乌斯甚至把这些法律也都废弃了⑤。

---

① 参看《法律》1、2和3，载《提奥多西乌斯法典》《关于母产和母亲亲属的产业》；和《单一法》，载同法典《关于未成年的儿子所应获得的财产》。
② 指对父亲的依赖性。——译者
③ 《单一法》，载《提奥多西乌斯法典》《关于软弱的人和对独身及鳏寡的惩罚》。
④ 《梭佐末奴斯著作集》第1卷第9章。
⑤ 《法律》2、3，载《提奥参西乌斯法典》《关于子女的权利》。

查士丁尼把《巴比恩法》所禁止的一切婚姻宣布为有效的婚姻①。《巴比恩法》要鳏夫寡妇重新结婚；查士丁尼则把利益赏与不再结婚的人们②。

按照古代的法律，每个人结婚和生育子女的自然权利是不得剥夺的。因此，如果有人以不结婚为条件接受遗产的话③，或是"释放奴隶后的旧奴隶主"要他所释放的"脱离奴籍的人"立誓不结婚不养育子女的话④，这种条件和这种誓言在《巴比恩法》是无效的⑤。所以我们所制定的要寡妇不改嫁的法律是同古法相抵触的，是由皇帝时代的政制流传下来的；而这些政制是建立在"至善境域"的思想上的。

并没有法律明文废止拜偶像时代的罗马人所给予结婚与养育子女的特权与荣典。但是，人们既然已把独身生活放在优越的地位，那就不可能再给婚姻以任何荣典了；而且，人们既然能够通过取消对不婚等的处罚而迫使税吏们放弃那么多利益，那么就更容易取消给予婚姻的奖赏了。

灵性上的理由既许可了独身生活，不久，同一理由就迫使独身生活成为一种必要的制度⑥。上帝不能容许我在这里反对宗教所设立的独身制度。但是，对放荡淫邪所产生的所谓独身生活，谁又能安然缄默，不加反对呢？在这种所谓独身生活中，两性甚至用他们的天然感情来互相腐化，离弃一种能使他们更幸福的结合，去追求一种使他们不断

---

① 《圣法》，载《关于婚姻的法典》。
② 《新法》127 第 3 章；《新法》118 第 5 章。
③ 《法律》54 等《婚姻契约和说明》。
④ 《法律》5 第 4 节《关于旧奴隶主的权力》。
⑤ 保罗：《判决》第 3 卷第 4 篇第 15 节。
⑥ 指神父、修士等必须独身。

堕落的结合。

这是一条自然的规律：缔结的婚姻越少，结婚的人就越腐败；结婚的人越少，对婚姻的忠诚就越少；这就好像贼越多，偷窃的事也就越多。

第二十二节　遗弃子女

初期罗马人对于遗弃子女所采用的政策是相当好的[①]。据狄欧尼西乌斯·哈利卡尔拿苏斯记载，罗慕露斯规定每一个公民都要养育所有的男儿和长女[②]。如果婴儿身体残废，畸形怪状的话，在让五个最近处的邻人看了之后，是可以把他遗弃的。

罗慕露斯不许杀死任何未满三岁的婴儿[③]。他就这样折中了赋予父亲对子女有生杀予夺权利的法律和禁止遗弃子女的法律二者之间的矛盾。

又据狄欧尼西乌斯·哈利卡尔拿苏斯记载，规定公民结婚并养育所有子女的法律在罗马 277 年是有效的[④]；可见习惯已经约束了罗慕露斯准许遗弃幼女的法律。

我们仅仅从西塞罗的一段记载里得知《十二铜表法》有关于遗弃子女的规定。这项法律是罗马 301 年制定的。西塞罗在谈到护民官的职务时说，婴儿一出生如果像《十二铜表法》所说那样畸形怪状的话，

---

① 甲乙本没有"相当"二字。
② 《罗马古代史》第 2 卷。
③ 同上。
④ 同上书，第 9 卷。

就立即把他窒息至死①；可见形体正常的婴儿是加以保养的；《十二铜表法》对先前的法制并没有作出任何变更。

塔西佗说："日耳曼人从来不遗弃子女；那里好的风俗，比他处好的法律，力量还要大哩。"②那么，罗马人必然有过反对这个习惯的法律，但是他们已不再遵从这些法律了。我们看不到罗马有任何准许遗弃子女的法律③。遗弃子女无疑是共和国末期才传入的一种恶习；这时，奢华已使人们得不到安乐，人们认为把财富分给子女就意味着贫穷，父亲认为给予子女的一切东西都等于丢失，而且财产和子女也已经有区别了。

第二十三节　罗马毁灭后的世界情况

当罗马共和国制度鼎盛的时代，它所要添补的人丁仅仅是那些由于它的刚毅，由于它的豪胆，由于它的坚定，由于它对光荣的热爱，甚至由于它的品德，而引起的人丁的缺损而已；所以这时它所制定的、旨在增加公民人数的法规是有效力的。但是不久之后，最明智的法律已经不可能重建一个死亡的共和国、一次普遍性的大乱、一个军政府、一个冷酷无情的帝国、一种目空一切的专制主义、一个脆弱的君主国、一个愚蠢、痴呆、又迷信的朝廷等所相继摧毁了的东西。人们可以说，罗马人征服了世界，只是把它削弱了，使它不能防卫自己，而拱手把

---

① 《法律》第3卷第19章。
② 《日耳曼人的风俗》第19章。
③ 《罗马法汇编》里没有遗弃子女的项目；《法典》的项目里也没有提到它；《新法》里亦付缺如。

它交与野蛮人而已。哥特[65]、哲特、萨拉森、鞑靼这些民族相继侵扰他们。不久,就只剩下野蛮民族互相毁灭了。这就好像神话时代,在洪水泛滥过后,陆地上出现了武装的士兵互相残杀。

第二十四节　欧洲发生的变化和人口的关系

从欧洲当时的情况看,人们不相信它的元气有可能得到恢复,尤其是当查理曼在位,它成了一个单一的大帝国的时候。但是由于当时政体性质的关系,欧洲又分裂成为无数自主的小国。每个国君就居住在他的村子或城市里;他既不伟大,也不富裕;我还应该指出,他要有人丁才能有安全;因此,所有的国君都殚精竭虑,去繁荣各自的小国;他们得到极大成功,所以虽然他们的政府弊病滋多,缺乏后代人们所获得的关于贸易的知识,此外又有无数的战争和不断发生的纠纷,但是欧洲大多数地区的人口都比今天要多[66]。

我没有时间深入讨论这个问题;但是我可以引那个由各色各样的人所组成的十字军的庞大人数作为例证。普芬道尔夫说,查理九世的时候,法国有男子两千万人[①②]。

小国不断地重新合并,就产生了人口的递减。过去,法国每个村子就是一个首都;今天则只有一个大首都。过去国家的每一个地区就是一个权力的中心;今天则全都和一个中心连系了起来,而这个中心可以说就是国家本身。

---

① 《万国史》第5章《论法国》。
② 伏尔泰说,这个数字显然是错误的,因为据1751年也就是法国人口繁盛时的户口调查,法国并没有两千万人。——译者

第二十五节 续前

两个世纪以来，欧洲的航海业有了长足的进展，这是真的。这使它的人口增多，又使它的人口减少。荷兰每年派遣极多的水手到印度各地去，但回来的仅有三分之二；其余的人或者是死亡，或者是在印度各地定居。其他经营印度贸易的各个国家，情况应该是差不多一样的。

我们观察欧洲，不应该像观察一个单独从事广大航海业的特殊国家一样来作出判断。这样的一个国家的人口是会增加的，因为所有的邻国的人都要来参加航海的事业，水手们将会从各方纷纷而来。欧洲则不然，宗教①、大海和沙漠使它同世界的其他部分隔绝，不可能在人口上得到同样的补偿。

第二十六节 结论

总上说来，我们得到的结论是：今天欧洲的情况仍然需要繁殖人种的法律。希腊的政治家们老是说，公民人数众多使共和国感到劳累[67]，而今天的政治家们则只是要求我们采取正当的措施来增加人口。

第二十七节 法国所制定的鼓励繁殖人种的法律

路易十四颁发特种奖赏给予有十个子女的人；有十二个子女的人

---

① 差不多各方面都有伊斯兰教的国家围绕着它。

所得的奖赏就更多了①。但是，问题不应当是奖励奇人奇事。如果要培养某种有利于人种繁殖的普遍风气，就应该像罗马人一样，设立普遍性的奖赏或普遍性的刑罚。

第二十八节 人口减退的补救办法

如果一个国家由于特殊事故、战争、瘟疫、饥馑等以致人口耗减的话，那还是有办法的；那些余下的人可能保持着工作和勤劳的精神；可能想法子去弥补灾难所带来的损失；甚至可能因为灾祸的缘故反而更加勤奋起来。如果一个国家人口的减退由来已久，而且是由于内部的邪恶和政府的腐败所造成的话，那么这个灾祸就几乎是无法挽救的。这种国家的人是由于一种感觉不到且习以为常的疾病而死亡的。他们生活在劳苦郁抑之中、在悲痛惨苦之中、在政府的横暴或偏私的统治之下，他们看到自己遭受毁灭，而常常不知道毁灭的原因。遭受专制主义蹂躏的国家，或僧侣所享受的利益比俗人过于优越的国家，就是两种典型的例子[68]。

这样人口减少的国家，如果要恢复元气，是不可能等待养子育女来作补充的，这将会落空。时间是来不及的；处于荒寂冷漠境地的人既没有勇气，也是不勤劳的。土地本来足以养活一个民族，却几乎养活不了一个家庭。在这些国家里，休耕荒芜的土地，比比皆是，但老百姓就在这些可怜的土地上，也是没有立锥之地的。僧侣、君主、城市、大人物、重要的公民已在不知不觉间成为整个国土的所有人了。国土

---

① 1666 年鼓励婚姻的上谕。

是没有人耕种了；但是被毁灭了的那些家庭却留下他们的草原；而劳动的人们则一无所有。

在这种情况之下，就应当在整个帝国里推行罗马人在他们帝国的一部分地区里所曾经施行过的办法，就是：居民在饥馑时实行他们在丰年时的做法；把土地分给一切没有土地的家庭；供给他们以开荒和耕种的物资。只要还有一个人需要土地，就应该继续分配土地。这样，就使没有一点滴的劳动时间受到浪费。

第二十九节　济贫院

一个人一无所有，不是贫穷；不劳动，才是真正贫穷。一个没有任何财产，但从事劳动的人，和一个有一百埃巨的收入而不劳动的人，是同样舒适的。一个什么都没有但有一种手艺的人，并不比一个拥有十亩土地而需要耕种才能生活的人较为贫穷。一个工人把技艺传授给子女，就等于留给子女一份遗产，子女有多少人，这份遗产就变成多少份。这和那个依靠十亩土地生活的人是不同的，他只能把地产分割给子女。

在经商的国家里，许多人纯粹依靠技艺生活，所以国家常常不得不维持那些年老的、有病的人和孤儿们的生活。一个政治修明的国家甚至是从技艺本身取得支持这些人的生活的资金的。它把工作交给一些能够胜任的人去做；它又让另一些人学习怎样工作；教人工作本身也成了一种职业。

给街道上赤身裸体的人一些施舍并不就等于履行了国家的义务。一个国家对全体国民，负有义务使他们生活有保证，有粮食，有适宜的衣服，又有卫生的环境。

人们问欧绫柴柏为什么不建立济贫院，他回答说："我将使我的帝国非常富裕，因而不需要济贫院。"① 他应该这样回答才对："我首先将使我的帝国富裕，然后我要设立济贫院。"

一个国家要富裕，就必须有许多工业。至于商业部门，则枝叶纷繁，如果要始终没有任何部门受到亏损，因而工人们都老是感不到匮乏，那是不可能的。

因此，一个国家，不论是为着使人民免得受苦也好，或是为着避免叛乱也好，都必须进行救济。在这种场合，就需要设立济贫院，或制定某种相当的规章制度来防止这种不幸的发生。

但是，当国家贫穷的时候，个人的贫穷是从普遍的贫穷产生出来的，个人的贫穷也可以说就是普遍的贫穷了。世界上所有的济贫院也救济不了这种个人的贫穷；反之，济贫院将激励懒惰的心思，这种心思将增加普遍的贫穷，并从而增加个人的贫穷。

亨利八世为了要改革英国的教会，就把僧侣消灭掉②。僧侣本身是一群懒惰的人，他们又培养别人的懒惰。由于他们的好客，无数游手好闲的人、仕绅、中流社会的人士，就以奔走寺院过日子了。亨利八世甚至取消济贫院；老百姓生活在济贫院里，就像仕绅们生活在寺院里一样。在这些变革之后，商业和工业的精神就在英国建立了起来。

在罗马，济贫院使谁都感到舒适，只有那些劳动的人，那些多才多艺的人，那些发展工艺的人③，那些有土地的人，和那些经营商业

---

① 参看沙尔旦：《波斯旅行记》第8卷。
② 参看贝尔内：《英国宗教改革史》。
③ 甲本没有"那些发展工艺的人"句。

的人，不感到舒适。

　　我已经说过，富裕的国家需要济贫院，因为命运使它们受到无数不测事件的支配。但是，我们感到，暂时性的救济要此永久性的机构好得多。苦难是暂时性的，所以救济也应该是暂时性的，而且还应该适用于特殊的偶发事件。

原编者注

1. 本书1749年日内瓦版第2册就是从第20章开始的,上面并且有拉丁文题词:"描述伟大的亚特拉斯①到哪里去"(Docuit quae maximus Atlas)。这可以意译为:"研究大自然和它的伟大的规律所给我的启导"。它是维奇利乌斯名诗《伊尼德》第1卷第741节里的句子:"……长发的约巴斯弹着饰金的竖琴,描述伟大的亚特拉斯到哪里去。"

2. "向缪斯女诗神们祈祷"这段序引对这节的主题来说,实是不伦不类。是不是因为孟德斯鸠受到他所引茹维纳尔的两首诗的感动才写出这段呢?孟德斯鸠声称,他是为"使读者心绪轻松"才加上这段的;他又曾同意把它取消(参看拉布莱编:《孟德斯鸠全集》第4卷第359页注)。

3. 在另一方面,这种国家的贵族使贸易得以繁盛,但却把贸易看做一种轻贱的职业。

4. "黑彩"即赌赢的彩票。

5. "关税协定",指的是商务条约。

---

① 罗马神话中肩负大地的神。——译者

6. "某些国家",指的都是法国。
7. 孟德斯鸠脑子里想的是荷兰的银行。
8. 通过股份或证券。
9. 法国当时也适用同样的法律。
10. "为着国家的利益",指的是给国家带来利润,虽然个人也获利。
11. 即十三世纪初英王"无地约翰"的宪章①。
12. 对负债的禁锢可以是终身的,如果债务人不能清偿债务的话。
13. 民事法官较少,因为普通裁判能够处理民事案件。
14. "有些人"实际上是指圣彼得僧院长,他著有《一个善人的幻想》。
15. 原文"suffisance"(充足),在这里应作"才能"解。
16. 这是指以获取军事上或其他的职位。
17. 这和《外国人遗产充公法》②有关。
18. 原文"meubles",即"les biens meubles"(动产),"la richesse mobilière"(动产式的财富)之意。
19. 原文"qui ne sont plus encore"应作"也不复存在了"解。
20. 波沙尔是法国的东方学者(1599—1664)。
21. 那篇"世界上最美丽的诗歌"指的是史诗《奥德赛》;"众诗中第一篇作品"指的是史诗《伊利亚特》。
22. 原文"fabrique"(制造厂)应作"fabrication"(制造、制造法)解。

---

① 指约翰一世(1167—1216),当他在位时,因和法国交战,丧失所有在法国的领地,因有"无地约翰"之称。1215年,封建领主曾起草这个大宪章强迫他签了字,这是英国最早的宪法。——译者
② 依据此法,未归化的外国人的财产由元首继承;该法于1819年废除。

23. 原文"naviguent"（行驶）。孟德斯鸠按其习惯拼法，写作"navige"和"naviger"。

24. 原文"Le sein persieus"来自拉丁文"Sinus persicus"（"波斯的心怀"），指的是"波斯湾"。

25. 克列维埃指出，其他权威如狄奥都露斯·西库露斯、亚里士多德和希罗多德"曾经正确地谈到这个海，说它不和其他的海接连"（参看拉布莱编《孟德斯鸠全集》第4卷第423页注4）。

26. 人们推断是两只大猩猩。

27甲、克列维埃对孟德斯鸠著作的检查处处都很严格；他指出北极星显然只有一颗，而孟氏原文"一颗北极星"则含有多数北极星之意。

27乙、"从普利因的记载去看……"这段注，只见于初期各版。

28. 所谓"有些人"，孟德斯鸠脑子里想的又是圣彼得僧院长。

29. "建立银铜币"，即通过合金变更货币。

30. 即抢劫搁浅、触礁船只的法律——如果这也可以叫做法律的话。

31. 这里孟德斯鸠所指的似乎只是犹太人受到诋毁怨恨的情况。

32. "他们的财产"，指的是"可让渡的证券"。

33. 教皇亚历山大六世（波尔治亚家族）用这条有名的"分界线"把新世界划分给西班牙人和葡萄牙人。

34. "商人的公司"，即荷、英、法所建立的"印度公司"。

35. 原文"monopole"（直译为"专利"），孟德斯鸠所用的是这字在古代法律里的含义，即一切未经法律许可的营业。

36. 据瓦尔克纳尔说，孟德斯鸠在附注中所说的小论文"至少曾经排印付校过"（关于此点，参看拉布莱编《孟德斯鸠全集》第

4卷第467页注1）。

37. 人们曾经指出，这次破产主要是由于军费的增长。
38. "银钱"，指的是银钱的数量。
39. 哥伦布死于1506年，佛兰西斯一世则于1515年登极，所以不可能接受什么哥伦布的建议。
40. 愚蠢的国王，即迈得斯王[①]。
41. 印度，指的是美洲的西印度，下节亦同。
42. 原文 couviennent（适合等等），这里应作"同意"解。
43. 原文 en obligeant（使负义务），应作"抵押"解。
44. 指1215年的大宪章。
45. 这就是著名的"偿金法"；它建立了各种罪行应付若干赔偿金的例子。
46. "想象的货币"在某一意义上指的是"约定货币"[②]、"拟制货币"[③]。
47. 原文 usure（重利盘剥），在这里完全没有恶劣的含义，仅仅指利息而已。
48. 这里提的是规定物价和那个"最高额"法。该法失败了，未曾发生效验。
49. 只以一半偿付债权人，这简直是破产。
50. 即俄国女皇伊丽沙白，彼得大帝的女儿（1710—1762）。
51. 所谓"动产"，指的是证券之类。

[①] 即希腊神话中获得点金术而受苦的国王。——译者
[②] 指两国以上协约而发行的同本位货币。——译者
[③] 即纸币。——译者

52. "换钱"，指的是"贴现扣息"。
53. 这三种券是银行的钞票、公司的股票和公债票。
54. "削减了资本"，指的是削减应偿还的本钱，这就是说，准许"违反契约"。
55. 这句话原文"……ne tendait à lui prèter……"的含义和句法是混乱不清的；它的意思应该是："只能想法子用高额利息去借钱了。"
56. 原文"de nouvelles tables"（新表法），指的是关于债务的新法律。
57. 原文 malice（拉丁文 malitia）（恶念）在拉丁文原文中应作"心机的精巧"解。拉丁文原句是：Malitia supplet aetatem（心机的精巧补偿年龄的不足）。
58. 这也是圣会法的法规。
59. 所谓"艺术"，正确地说，就是求乞之术。
60. 所谓"工艺"，指的是一般的工业。
61. 这种机械的制作与使用已经发展到那种程度，孟德斯鸠还有什么话可说呢？
62. 这是亚里士多德的一种见解；他认为胎儿需要经过一定期间之后才获得生命。
63. 在孟德斯鸠所引证的那段话里，亚里士多德暗讽了同性恋爱；他认为这是立法者规定的。
64. 这个法典是433年修订的。
65. 哥特民族，在孟德斯鸠的用语里指的是日耳曼民族。
66. 这个说法至少是大胆了一些，因为在这问题上我们并没有任何精确的记录。

67. 原文 travaillent（使工作，使痛苦等）应作 fatiguent（使劳累，使困疲）解。
68. 所指的可能又是西班牙和意大利。